JN451803

아들아 너만 봐라

월급쟁이 노하우 100

나남
nanam

월급쟁이 노하우 100

아들아 너만 봐라

2015년 9월 25일 발행
2015년 9월 25일 1쇄

지은이 이상진
펴낸이 조상호
펴낸곳 (주) 나남
주소 413-120 경기도 파주시 회동길 193
전화 031)955-4601
FAX 031)955-4555
등록 제1-71호(1979. 5. 12)
홈페이지 http://www.nanam.net
전자우편 post@nanam.net

표지일러스트 | 남연수
내지일러스트 | 이경

ISBN 978-89-300-8826-8
978-89-300-8655-4(세트)

책값은 뒤표지에 있습니다.

월급쟁이 노하우 100

아들아 너만 봐라

이상진 지음

나남
nanam

편집인 노트

직장 눈칫밥 30년 비밀병기를 아들에게

웃으며 들려주는 피(血) 토한 경험담

고승철 나남출판 주필

필자는 한때 〈동아일보〉에 '베스트 비즈북'이라는 서평 칼럼을 연재한 적이 있다. 경영·경제 신간 가운데 좋은 책을 골라 소개하는 코너이다. 격주로 실렸는데, 먼저 어떤 책을 선정할지 결정하는 일이 쉽지 않았다.

일주일에 새로 나오는 경영·경제 신간은 줄잡아 20여 권. 격주 연재물이므로 40여 권 가운데 하나를 뽑아야 한다. 여러 출판사에서는 번드르르한 보도자료와 함께 책을 보내온다. 보도자료에 현혹되지 않으려고 책을 일일이 들추며 살펴본다. 외국책 번역본이 하도 많아 제대로 번역한 것인지 원문과 대조하기도 하고, 원 저자의 경력이 믿을 만한지 등을 세심히 따진다.

저자가 한국인이라면 경력을 유심히 살핀다. 이 책 저 책을 베껴 짜깁기한 내용으로 얼렁뚱땅 만든 자기계발서가 수두룩하기 때문이다. 이 출판사, 저 출판사에서 1년에 여러 권 저서를 내는 자칭 전문 저술가일수록 그럴 가능성이 높다. 책 제목도 《당신도 하룻밤에 ○○ 박사》 따위의 자극적인 것이 붙는다. 가급적 저자의 진솔한 목소리와 정확한 정보가 담긴 책을 고른다.

언젠가 《미국회사에 도전하라》라는 책이 눈에 띄었다. 저자는 이상진. 216쪽짜리의 두껍지 않은 책인 데다 흥미진진한 에피소드가 그득해서 펼치자마자 처음부터 끝까지 술술 읽혔다. 이 책의 특징은 저자가 놀랄 만큼 솔직하다는 점이었다. 여느 직장인 같으면 부끄러워 감출 법한 실패담도 과감하게 털어놓았다. 당시의 서평을 옮겨 본다.

화학공학 박사인 L씨는 영업사원으로 발령을 받아 D회사와 거래를 트기 위해 구매부서를 찾았다. 명함 교환은 꿈도 못 꿀 일이고 아무도 상대해 주지 않았다. 그래도 일주일에 두 번은 찾아갔다. 두어 달 들락거렸을 때 구매과장이 "어이!" 하고 불렀다. 빵을 먹고 있던 구매과장은 건네받은 명함으로 책상 위에 흩어진 빵 부스러기를 훑어 내더니 명함을 휴지통에 버렸다. 그러곤 명함 한 장 더 달라고 했다.

이런 수모를 겪어 가며 D회사에 마침내 납품하게 됐다. L박사는 미국계 회사에 입사하면서 D회사를 개척하겠다는 목표를 세웠기에 이를 실천하기 위해 수도(修道)하듯 매달린 것이었다.

L박사가 바로 이 책의 저자다. 국내 대기업에서 4년간 근무하다 1991년 미국계 회사인 한국다우케미칼에 입사, 지금까지 근무하고 있다.

저자는 이 책에서 미국계 회사가 어떻게 돌아가는지, 이에 적응하려면 어떤 대비책을 세워야 하는지를 생생한 경험을 바탕으로 잘 소개하고 있다.

임직원들은 '약속의 공포'를 느낀다. 회사에다 자신의 목표를 '약속'하는데, 이를 반드시 이뤄야 한다는 의무감 때문에 실천 가능성이 불투명해지면 '공포'를 느낀다는 것이다. 약속을 못 지키면 연봉, 승진 등에서 불이익을 받는다. 한국 회사에서처럼 적당히 봐주지 않는다. 저자가 자기 명함이 쓰레기통에 들어가는 것을 보고도 구매과장에게 미소를 지은 것도 약속을 지키기 위한 인내심 때문이었다.

영어 회의는 어떻게 준비하는가. 발표 내용을 정리하고 녹음기에 녹음해서 들어 본다. 5분간 발언 분량 정도는 달달 외운다. 미국인조

차도 5분 스피치는 외운다고 한다.

시간 관리를 잘 해야 한다. "바빠 죽겠다"라고 말하는 사람은 시간 관리를 잘 못하는 사람으로 낙인 찍힌다. 하루 일정을 분 단위로 정리하는 '플래너'라는 수첩을 잘 활용해야 한다. 저자는 플래너 활용법을 배우기 위해 홍콩에 1박 2일 출장을 갔을 정도다.

미국계 회사에서 직속상관인 보스의 권한은 막강하다. 부하의 연봉, 경비 결재, 진급 여부 등을 결정한다. 부하는 보스를 '하느님의 친구'로 생각해야 한다. 보스 앞에서는 나이에 관계없이 재롱둥이가 된다. 보스와 함께 식사할 때 보스보다 수저를 먼저 들어서는 안 되는 것은 한국의 예절과 마찬가지다. 50대의 어느 부사장은 그의 보스가 한국에 오면 보스의 가방을 들고 다니는 모습을 보였다. 보스와 궁합이 잘 맞으면 세상 살맛이 나지만 코드가 맞지 않으면 '재앙'이란다.

신입사원이 들어오면 미국 기업들은 은연중에 '귀하는 세계 최고의 사원'이라는 인식을 심어 준다. 일류 호텔에서 재우고 고급 식당에서 음식을 사주며 비행기 좌석도 비즈니스석에 앉힌다. 한국 신입사원들이 극기훈련을 위해 구령을 맞추는 풍경과는 큰 차이가 난다는 것. 미국회사를 이해하면 한국기업을 경영하는 데도 큰 도움이 될 것이다. 재미있는 에피소드가 많아 읽는 데 부담이 없으면서도 적잖은 정보를 제공하는 책이다. 감동도 준다.

세월이 흘러 《미국회사에 도전하라》라는 책에 대한 기억이 희미해졌다. 그러던 어느 날 《아들아 너만 봐라》라는 원고를 접하고 저자 존함을 보는 순간, 바로 그 이상진 박사가 새로 쓴 글임을 알았다. 역시 진정성이 묻어 나고 흥미진진했다. 직장인 아들에 대한 진정한 사랑이 곳곳에 배어 있었다.

"No!"라 말했다간 칼침 맞는다

여느 자기계발서에는 허풍이 수두룩하다. 예를 들어 '글로벌 능력이 없으면 도태된다!', '공선사후(公先私後)를 실천하라!', 'Yes맨이 되지 말라!', '주인의식을 가져라!' 등이다.

글로벌 능력에 대해 진담을 해볼까. 이는 영어 또는 중국어 구사능력과도 연관이 있겠다. 글로벌 시대이니만큼 외국어를 능숙하게 구사하는 인재는 여러 모로 유리하다. 그러나 그게 전부는 아니다. 아무리 글로벌 시대라지만 한국인 대부분은 한국에서 평생 살아가고 극소수만이 해외근무, 이민, 해외유학, 해외연수를 경험할 뿐이다. 해외여행이야 자주 가겠지만 여행객은 돈을 쓰는 갑(甲)이므로 외국어를 좀 못한다 하더라도 꿀릴 게 없다. 한국의 직장에 다니며 영어로 소통하는 부서에 종사하는 이가 몇이나 될까. 그러니 토익 점수가 낮다고 해서 인생 낙오자처럼 움츠러들 이유가 없다. 시중에 나도는 자기계발서는 '국제 공용어'인 영어를 못하면 멸종될 것이라고 마구 엄포를 놓는다.

공선사후니, 멸사봉공(滅私奉公)이니 하는 개념도 그렇다. 입사하면 간부는 부하들에게 으레 이를 강조한다. 자기는 늘 그렇게 직장생활을 해왔다며 관련된 무용담을 늘어놓으면서…. 그렇게 하지 않으면 이런 간부 자리에까지 오르지 못하고 잘릴 가능성이 있음을 내비치면서…. 그러나 조직을 위해 개인의 무한 희생을 강요하는 조직문화는 그리 오래가지 못한다. 특히 그에 따른 보상이 주어지지 않을 때는 사상누각(砂上樓閣)이 되기 십상이다. 부하가 자기 아들이라면 그렇게 피흘림을 강요하겠는가. 조직과 개인의 일에 우선순위를 두기보다는 경우에 따라 순서를 조정하는 유연성이 필요하다.

직장에서는 흔히 워크숍, 수련회, MT 등의 명목으로 호젓한 자연 속 휴양지에서 숙박하며 토론을 벌인다. 자주 등장하는 토론주제가 '상사에게 No라고 말해야!'이다. Yes맨이 득실거리는 조직은 망한다면서 역사적 실증사례를 들먹인다. 이런 토론을 곧이곧대로 믿고 조직에 대해 쓴소리를 했다가 낭패를 당하는 순진파들이 적잖다. '야자 타임'이라 해서 상사와 부하 사이에 말을 트는 술자리 이벤트의 흥청망청 분위기에 휩쓸려 과장, 차장이 부장, 임원에게 "야! 너 똑바로 해!"라고 말했다가 상대방의 '뒤끝' 보복에 칼침을 맞는 경우가 수두룩하다. 직장 경험이 풍부한 아버지라면 아들에게 "상황을 잘 봐가면서 No 시늉만 해야지 No 직격탄을 날리지 말라!"고 충고하리라. 기업에서 고위 임원 대부분은 Yes맨이다. Yes맨은 아첨꾼일 수도 있으나 어떤 면에서는 매사를 긍정적으로 보는 낙관론자일 수 있다.

'주인의식을 가져라!'라는 구호의 허점을 살펴보자. 흔히 창업자는 사무실에 켜둔 전등 하나도 전기료가 아까워 끄면서 "자기 호주머니에서 전기료가 나간다면 이렇게 낭비하겠는가?" 하고 투덜거린다. 그러면서 종업원에게 주인의식을 가지라고 강조한다. 내 것처럼 아끼고, 내 일처럼 열심히 하라는 뜻 아니겠는가. 그러나 정작 노사갈등이 생기면 양상이 달라진다. 종업원들은 주인 행세를 하며 오너(owner)를 압박한다. 오너는 회사 행사에서 "임직원 여러분!"이라는 말 대신에 "사랑하는 ○○그룹 가족 여러분!"이라며 종업원들을 '가족'이라고 부른다. 하지만 구조조정 때 감원을 하려 하면 종업원은 "가족을 죽이는 법이 어디 있느냐?"고 항변한다. 오너는 이에 대해 "가족처럼 잘해 주었는데 배신당했다"고 분통을 터뜨린다. 종업원은 주인이 아니다. 사용자와 종업원은 가족이 아니다. 노-사는 근로-급료를 주고받는 계약 당사자들이다. 물론 인간은 냉혈동물이 아니기에 가족적 분위기의 온기가 중요하긴 하다.

아들에게만 전해 줄 비법 공개 이유는?

《아들아 너만 봐라》에는 다른 자기계발서에 그득한 허위의식이 없다. 저자는 변화구 대신에 시종일관 돌직구를 던지며 문제의 핵심을 적중시킨다. 신입사원 면접, 회식, 출장, 보고서 작성, 야근, 마케팅 등 기업에서 벌어지는 다양한 상황에 대해 이만큼 적나라하게 속살을 들춘 책을 여태 보지 못했다. 직장에서는 적당히 비겁해져야 '가늘게 길게' 살 수 있음을 알려 준다. 영웅 호걸이 되는 비결보다는 충실한 장교 또는 병사의 지침을 안내해 준다.

원고를 완독하고 나서 저자가 어떤 분인지 궁금해서 전화로 목소리를 들었다. 몇 번의 통화로 우정이 싹텄고 우리는 책의 편집 방향을 논의한다는 명목으로 파주 출판도시에서 만났다. 멀리 부산에서 올라온 이상진 박사를 대면하니 글만큼이나 진솔한 인품을 지닌 분으로 보였다. 미국회사에 몸담아 해외 근무도 오래 하여 국제감각도 탁월한 듯하다. 이공계 전공자이지만 마케팅 업무에 오래 종사해서인지 상대방의 심리를 파악하는 인문학적 소양도 돋보이는 분이다.

그가 자신의 아들에게만 가보(家寶)로 전수해 줄 30년 직장생활 비법을 공개한 이유는 무엇일까. 앞이 보이지 않는 캄캄한 터널 속에 갇힌 듯한 이 땅의 '3포 세대' 젊은이들에게 희망을 주려는 불타는 사명감의 발로가 아니겠는가.

모쪼록 여러 젊은이들이 이 책에서 지혜로운 일터 노하우를 터득하여 직장인으로 성공하고 행복한 가정생활을 누리기를 기원한다.

책을 쓴 배경

이 책의 주인공은 우리 집 큰아들이다. 그가 묻고 내가 대답한 기억들을 묶어서 책으로 만들었다. 주제는 '직장생활'이다. 아들이 자신의 월급쟁이 생활을 생각하며 생기는 의문들에 내 30년 세월의 직장 경험으로 시원한 답을 주고자 했다. 교과서적인 답변이 아니라, 살아남을 수 있는 비법을 아들에게 전수해 주고자 했다. 공식적으로 회자되는 판에 박힌 이야기는 접어 두고 상황을 꿰뚫는 경험론적 해법을 제시하여 적진(敵陣)의 아들을 구하고자 했다.

집사람과 나는 내 아들이 월급쟁이보다는 대학교수나 연구원 같은 비교적 안전한 직업에 종사하기를 바랐다. 하지만 그는 어느 날 장래 희망이 '월급쟁이'라고 말했고, 이는 아직 변하지 않았다. 그 이유가 무엇인지는 아직 모른다. 돈이 시급한 환경도 아니고 학점이 문제될 정도도 아니었다. 다만 짐작하기로는, 오랜 외국 생활에 지쳐 가족이 그리워 한국으로 돌아오고 싶은 것 아닌가 싶은 정도다.

그런 아들과 내 30년 조직생활의 노하우를 나누는 것은 작게는 아들에 대한 간절한 사랑의 표현이고, 크게는 내 경험의 편린들을 후배들과 함께 나누는 숭고한 작업이라고 생각했다. 물론 이 책대로 한다고 해서 사장이 되는 것은 아니다. 하지만 자신의 경쟁력과 순발력을 적절히 섞어서 어려운 상황들을 헤쳐 나간다면 분명히 우리 어린 월급쟁이들의 수명은 연장될 것이다. 월급쟁이 아들에게 보내는 '살아남는 비법들'이 내 아들과 동시대를 살아가는 젊은 월급쟁이들에게도 도움이 되었으면 좋겠다.

머리말

월급쟁이 아들에게 보내는 글

30년에서 한두 해 모자라는 햇수만큼 남의집살이를 했다. 그동안 서너 번 회사를 옮겼는데, 뜻하지 않게 동종업계에서 세계 최고의 기업들만 골라서 갔다. 월급쟁이 치고는 뜻하지 않은 호사를 누린 셈이다. 살아남기 위해서, 혹은 개인적인 욕구를 채우기 위해서 정말 힘겨운 질주를 계속했다.

한 달에 두 번씩 아시아 10개국 출장을 다니다 보니 항공 마일리지는 100만 점이 넘었고, 미국과의 전화 회의를 위해서 새벽 출근을 일삼다 보니 '야간 사장'이라는 별명도 얻었다. 시장 침투를 위해서 2000년 한 해 동안에는 매주 일본에 가기도 했다. 월요일 아침 일본 사무실에 출근해서 이것저것 챙기고 고객 방문차 일본 전역을 한 바퀴 돌고 나면 목요일이다. 밤늦게 비행기를 타고 한국에 도착하면 한국의 시장이 나의 손길을 기다린다. 금요일 하루를 한국 사무실에서 보내고 실적을 챙기고 있으면 어느덧 비서가 월요일 새벽 도쿄행 비행기 표를 책상 위에 올려놓는다. 아시아의 다른 시장들이 조용히 놀아 준다면 이것도 할 만하다. 하지만 다른 나라에서 화학공장에 화재가 잇달아 일어나면 문제는 달라진다. 상황 통제를 위해 여기저기 뛰어다니다 보면, 어느덧 몇 주가 지나간다. 식구들 얼굴을 본 지가 몇 달은 된 것 같다. 여행가방 한구석에 애들 주려고 비행기에서 받아 놓은 쿠키가 나를 쳐다보는 것 같아서 갑자기 콧날이 시큰해진다. 대강 일을 수습하고 비행기를 타면 늘 승무원에게 부탁하는 말이 있다.

"식사 안 하고 그냥 잘게요."

언제부터인가 늘 졸린다. 비행기가 공항에 도착하면 어느덧 계절이 바뀌어 있다. 떠날 때는 가을이었는데 한국에 돌아오니 겨울이다. 남들은 스키 타러 간다고 난리인데 나는 다시 출장 보따리를 챙긴다. 돈도 좋지만, 사람이 할 짓이 아니다.

과감히 자리를 박차고 한국회사로 옮겼다. 하지만 이곳에는 또 다른 형태의 도전이 기다리고 있었다. 사람이 만드는 문제란 모양만 다르지 본질은 같다. 오로지 한국 내의 자본생산성 극대화를 위해, 내수시장의 이익극대화나 수출시장의 점유율 향상을 위해 과도한 노력을 갖다 붓는다. 출근 시간은 오전 9시로 되어 있지만, 오전 7시 30분만 되면 CEO의 전화를 받는다. 월례회의에서 실적 '지진아'는 육두문자 세례를 감수해야 한다. 톱(Top)에서 벌어지는 충성 경쟁은 더욱 심하다. 어떤 임원은 자기 보스가 주재하는 어떠한 형식의 저녁식사에도 초대 불문 참석한다. 출장 계획도 가능하면 보스와 비슷한 때에 짜서 해외에서 우의를 돈독히 하는 기회로 삼는다. 비서들의 충성 경쟁도 중도를 넘어섰다. 비빔밥 메뉴가 나오면 비서들이 보스를 위하여 밥을 비벼서 제공하는 것은 다반사이고, 어떤 직원들은 보스가 밥을 비빌 때 그릇을 붙들고 있기도 한다. 이런 충성 경쟁이 계파를 만들어 굴러가면, 한 개인으로서 항거하기는 이론상 불가능해진다. 우리의 수많은 선배 월급쟁이들이 이 '계파'라는 전차에 깔리어 갔다.

이런 '아사리판'에서 뒹구는 업은 당대에서 끝나기를 빌고 또 빌었다. 하지만 내 아들이 월급쟁이를 하겠단다. 나는 내 아들이 시간이 흐를수록 몸값이 떨어지는 월급쟁이보다는 갈수록 경륜이 쌓이는 전문직에 종사하길 바랐다.

하지만 미리 알고, 미리 준비한다면 월급쟁이 생활도 그리 나쁘지만은 않을 것임을 믿으며 글을 썼다. 삶과 죽음이 순간적으로 엇갈리는 처절한 전쟁터에 나가는 아들의 무기를 닦아 주는 아버지의 비장한 마음으로, 이것만 알면 살아남는 생존의 코드로. 그리하여 내가 겪었던 찰나의 실수들이 반복되지 않도록, 마침내 수동적인 월급쟁이가 성공적인 월급쟁이로, 나아가 CEO로 성장하는 계기가 되기를 바라며, 그의 긴 여정에 꽃 한 송이 던지는 마음으로 머리말을 날린다.

월급쟁이 노하우 **100**

아들아 너만 봐라

차 례

01 신입사원 살아남기

회사 안팎 꿰뚫어보기

03

사내 마키아벨리즘

오래 버티기

사과 한 쪽 나누는 데도 그곳에 모인 사람 수만큼의 방법이 있을 것이다. 하물며 공통점이라고는 '회사생활'밖에 없는 100여 편의 이야기들을 독자들이 편안해 하도록 공평히(?) 나눈다는 것은 어려운 일이다. 그리하여 다시 나누기를 포기할까 생각해 보았으나, 이 또한 나의 비겁함을 주머니 한구석에 두는 것 같아서 개운하지 못하다. 그래서 회사생활에서 늘 부딪히는 실체들을 빈도수대로 자리매김하여 가장 자주 접하는 4개를 골라냈다. '나', '조직', '정치', '상사', 이 넷은 등수에 따라 나열한 것이 아니라, 그냥 가장 빈번히 접하는 문제의 근원들로 이해하면 되겠다.

I

신입사원 살아남기

아들아, **늘 '면접관'의 입장에서** 면접에 임해라

면접의 목적은 무엇인가를 따져 보자. 사람들은 흔히 자신이 중요하다고 생각하는 것과 그것에 따른 행동의 우선순위가 다른 경우가 허다하다. 예를 들어 비행기의 안전을 위해 조종사의 자질이 가장 중요해도 조종사의 이력을 보는 승객은 없다. 새로운 사람을 뽑을 때도 마찬가지다. 그 사람의 현재 및 미래의 경쟁력이 과연 그에게 주어진 일에 부합하는지를 평가해 보는 것이 면접에서 우선되어야 한다.

그러나 많은 회사들이 직무 평가 이전에 '첫인상'에 매달린다. 사람이 사람을 평가하는 데 7초가 걸린다고 한다. 순전히 첫인상과 관상만으로 사람을 평가하는 방식이다. 이렇게 사람을 평가하고 나면 그 틀을 깨기 어렵다. 그래서 어떤 경우는 사진을 떼어내고 제출하는 경우도 있다. 어쨌든 첫인상을 그리 높이 본다면 그저 멋지게 꾸미면 될 일이다. 그러나 본론은 여기에 있지 않음을 알아야 한다. 충원을 할 때는 그 인력이 채용 후 어떤 일을 할 것이며 그에 따라 어떤 경쟁력이 있어야 하는지 면밀히 검토하는 것이 먼저다.

물론 부서별로 몇 명의 인원을 뽑는지 면접자에게 알려주는 것은 기본이다. 평소 자신의 경쟁력 분석에 의해 자신이 우위에 있는 부서에 인력 채용 계획이 있다면 이 부서를 목표로 입사원서를 작성한다. 절대로 산탄총 쏘듯이 목표에 접근해서는 안 된다. 자신의 경쟁력 평가는 선배들의 도움을 받는 것도 필요하다.

면접에서의 논리는 간단하다. "내가 가진 경쟁력으로 당신 회사에 기여할 테니 기회를 달라." 그러면 회사는 경쟁력이 큰 순서대로 뽑는다. 회사가 면접관에게 요구하는 것은 이 경쟁력의 계량화다. 예를 들어 술을 잘 먹는 것이 영업에 얼마만 한 기여를 하는 것인지, 연구개발을 위해 토익 900점이 필요한지가 관상에 우선한다.

그렇다면 면접의 논리는 제일 먼저 '경쟁력'의 탄생에 초점을 맞추어야 한다. 너의 탄생이 아니라 경쟁력의 탄생, 즉 어떻게 경쟁력이 태어나고 자랐는지 말이다. 둘째, 향후 맡을 일이 요구하는 경쟁력, 즉 어떤 후보가 더 잘할지를 생각하는 것이다. 셋째, 두 종류의 다른 경쟁력이 필연적으로 일치하는지 등으로 논리를 확장해야 한다.

사실 네가 어디서 태어났든, 형제가 몇이든 면접관들은 별 흥미가 없다. 다만 누가 이 회사에 더 큰 경쟁력을 새로이 가져올 것인지가 당면한 숙제다. 이 견고한 논리를 붙들고 토론한다면 그리 밀리지는 않을 것이다. 이 논리 위에 면접을 위해 네가 꼭 지켜야 할 것은 정직성이다. 네가 아무리 노련해도 경험 많은 면접관에게 걸리면 다 털어놓는다. 나중에 창피당하지 말고 아닌 것은 아니라 하자.

회사란 **너와의 계약관계에서** '갑'일 뿐이다

회사와 너는 계약관계로 맺어져 있다. 자본과 인적자원의 결합인 기업은 궁극적으로 이윤 추구를 목적으로 한다. 이 메커니즘 속에서 사람은 자신의 능력을 기업에 제공하는 대신 기업으로부터 금전적 보상을 약속받는다. 이른바 근로계약서의 형태로 남게 되는 쌍방의 합의는 동일한 프로세스에 의해 파기될 수도 있다. 여기서 어느 한쪽이 상대방에게 온정의 손길이나 분에 넘치는 요구를 한다면 계약 위반이다.

너와 회사의 관계는 철저히 계약에 의존한다. 거꾸로, 하고 싶은 말이나 요구사항은 근로계약서에 쓰는 것이 현명하다. 특히 일을 하는 환경이나 작업 강도 등은 후일 분쟁의 불씨를 남길 수 있으므로 이와 관련된 업무 시간이나 휴일 근무의 보상 등은 근로계약서에 포함시키는 것이 좋다.

회사는 너에게 모든 것을 해주지 않는다. 단지 줄 것은 주고 받을 것은 받는 또 하나의 상대방일 뿐이다. 아들아, 회사가 너에게 온정을 베풀거나 기대 밖의 보상을 줄 때는 단순히 기뻐하거나 흥분하지 마라. 대신 조용히 앉아 생각해 보아라. 프로끼리의 거래에서 순수한 의미의 덤은 없다. 덤을 통해 단기적 혹은 장기적 이익 실현을, 혹은 더 큰 이익 실현의 바탕을 이루고자 할 것이다.

다시 너 자신의 입장에서 생각해 보자, 너는 왜 회사에 왔는지를. 큰돈을 벌려고? 명예를 얻기 위해? 둘 다 아니다. 그저 네가 가진 한 덩어리의 재주를 팔아 자신과 가족의 생존을 보장받기 위함이다. 단지 네가 조심해야 할 것은 너의 재주 덩어리가 너무 빨리 작아져 상대방이 돈의 지불을 거절하거나 심지어 계약기간 중에 계약 파기를 선포하는 일이다. 이런 때 회사는 너에게는 공룡과 같은 존재다. 평소 때는 나긋나긋하던 '상대방'이 네 존재가치가 급감하면 비논리적인 잣대로 무시무시하게 다가온다.

회사는 너와 계약관계에 있는 상대방이다. 그리고 회사는 가족을 부양하는 기본적 의무를 수행하는 것이 1차 목표인 나에게 실현의 성취감을 맛보게 해준다. 그러나 이 모든 것들이 어느 한 사람의 애정과 자비심에 의한 것이 아니라 순전히 계약서에 기초한 것임을 알아야 한다. 그리고 너 자신도 회사 입사의 궁극적 목표가 어떠한 거창한 슬로건에 의해서가 아니라 우선 먹고살자는 단순한 동기 부여에서 비롯되었음을 부정하지 말아야 한다. 회사 앞에서 너무 고상을 떨거나 먹을 것 앞에서 너무 초라해질 필요는 없다. 그러나 가끔은 네가 월급쟁이의 길을 가겠다고 결정하던 밤으로 되돌아가라. 가서 너를 다시 되돌아보아라. 회사는 노동의 대가로 정해진 급료를 제공할 뿐 너의 꿈을 키워 주지는 않는다. 지나친 감상은 언제나 판단을 흐릴 뿐이다.

03

너의 바이오리듬,
보스에게 맞춰라

한때 아침형 인간의 장점들이 마치 성공의 필수요소인 양 여러 사람의 입에 회자되던 적이 있었다. 일찍 일어난 새가 더 많은 모이를 쫀다는 이야기처럼 기상 시간이 생산성에 절대적인 영향을 미친다는 논리가 서점가를 덮었다. 그럴 수 있다고 생각한다. 하지만 너처럼 아침잠이 많은 사람에게는 청천벽력 같은 이야기다. 아니나 다를까, 《저녁형 인간》이라는 책이 나와 활동 시간과 생산성에 대한 논쟁에 불을 붙였다. 제3자의 시각으로 보면 생소하고 어려운 논쟁이다. 월급쟁이 중에 내가 아침형 인간이라 하더라도 내 의지대로 저녁형 인간으로 바꿀 수 있는 사람이 몇이나 될 것이며, 또한 바꾸고 난 뒤의 생산성 증가를 어떻게 계량화할 수 있을까?

객관적 잣대가 모호한 논쟁에서 월급쟁이의 시각을 들이대어 우리의 대답을 찾기 위해서는 다시 논점을 '경쟁력'으로 되돌려야 한다. 나의 경쟁력이 어디에 있는지를 다시 한 번 생각해야 한다. 내가 엔터테이너로, 혹은 영업사원으로 탁월한 능력이 있다면 저녁형 인간이 맞는 방향이다. 하지만 정적인 분위기에서 기획이나 연구 등의 업무를 수행한다면 아침형에 더 어울릴 것이다. 네가 어떤 점에 뛰어나고, 그 뛰어난 점이 어떻게 지속적으로 커나갈 수 있는지를 따져서 너의 바이오리듬을 결정해야 한다.

여기까지는 여태껏 한 이야기와 비슷하거나 다른 책에도 나오는 교과서적인 서술에 불과하다. 고개를 높이 들어 우리의 갈 길을 보자. 월급쟁이에게 아침형 인간인지, 저녁형 인간인지를 결정짓는 시금석은 보스다. 그가 혹은 그녀가 아침형 인간이면 너의 바이오리듬을 아침형으로 맞추고, 저녁형이면 그에 맞게 저녁형으로 맞추면 된다. 간단하다. 월급쟁이 신입사원인 너는 인격체이기보다는 회사에 기여하기 위해 훈련받고 있는 부분품인 셈이다. 그래서 윗사람의 평가는 너의 역할을 결정짓는 데 지대한 영향을 미친다.

네가 할 수 있는 가장 간단하고도 중요한 일은 누군가가, 특히 보스가 찾을 때 있는 것이다. 그래서 바이오리듬을 보스에게 맞추라는 얘기다. 보스가 아침형 인간이면 좀 힘들어도 아침에 일찍 나가서 그의 눈에 띄는 것이 좋다. 그의 출근 전에 사무실에 나타난 너는 '성실한 사람'이다. 그 반대의 경우도 흔히 일어나는 게 현실이다. 보스는 꼭두새벽에 출근하는데 신입사원인 네가 어젯밤 야근 때문에 출근이 늦다면 보스의 머릿속에서 너는 꼴통으로 분류된다. 보스는 너에게 전지전능한 분이시다. 가끔 기준이 흔들릴 때는 그의 입장에서 생각해라.

04

50/50

아빠의 직장생활은 **절반은 성공, 절반은 실패였다**

나의 직장생활은 80점이었다. 총 30년의 기간 중 전반부의 20년은 100점이었고 후반부의 10년은 50점이었다. 긍정적으로 전반부 20년을 바라보면 성공적이지만, 부정적 시각으로 후반부 10년을 보면 낙제다.

나는 직장생활이 전투라고 생각했다. 내가 먼저 쏘지 않으면 상대방이 쏠 것이라고 생각했다. 과녁을 맞히기 위해 자연히 매번 능력에 벗어나는 '최선'을 다했다. 다행히도 20년간 쏜 총알은 과녁에 잘 맞아 주었고 하루하루는 자부심으로 메워졌다. 그러나 나 잘난 맛에 경솔하게 옮긴 후반부의 회사는 10년 동안 의사 불통의 시절을 보내는 고통을 주었다. 내가 가진 어떤 무기도 과녁을 뚫지 못했다. 관중은 야유하고 친구는 떠나갔다.

전반부 20년은 정말 일하다가 죽어도 좋다는 각오로 살았다. 특히 새로운 프로젝트가 주어지면 사무실에서 밤을 새우기가 다반사였다. 일주일 정도를 사무실에서 보내다 보면 'Good Morning'인지 'Good Evening'인지 헷갈려서 비서에게 물어보는 일도 생긴다. 밤을 새우고 나서는 새벽에 잠에 들면 안 된다. 그러면 하루 종일 멍한 상태에서 시간만 보내게 된다. 차라리 한 시간 정도 조깅을 하면서 땀을 흘리고 나면 정신이 든다. 다만 머리는 맑아도 몸은 얼마나 망가지는지는 스스로 상상해 볼 일이다. 앞으로 달려가는 일에 재미를 붙이면 멈추기가 어렵다.

항상 1등이 목표였다. 세계 최고의 회사에서 나는 세계 1등이 되고 싶었다. 이른바 'S대'도 아니고 유학파도 아닌 내가 미국회사에서 출세하기 위해서는 노력밖에 없었다. 영어로 된 발표 자료를 다 외우는 것은 물론 교육받으러 가서는 매뉴얼도 그 전날 밤에 외워 버렸다. 한 해에 한 번씩 승진하고, 또 승진할 때마다 '최연소'라는 수식어가 붙었다. '최연소 과장', '최연소 이사' 등. 정말 신이 났다. 한 6개월간은 새벽 3시에 사무실에 간 적도 있었다. 물론 월급도 올랐다. 다만 정말로 돈 쓸 시간이 부족했다. 아시아 지역에서 내 이름을 대면 모두가 협조적이었다. 남자의 인생에서 이런 것이 행복인 줄 알았다. 반드시 성공해야 행복한 줄 알았다.

월급쟁이 후반부 10년은 전반부 20년과 완전히 다른 세상이었다. 성공적인 20년을 보낸 후 나는 좀 흥분되어 있었다. 어떤 회사도 책임만 주어진다면 멋지게 바로잡을 자신이 있었다. 그 당시는 나 스스로의 능력에 확신이 있었다. 그러다가 가까이 지내던 서치 펌(Search Firm)에서 연락이 왔다. 이름만 대면 알 만한 회사에서 이른바 후계자 양성 코스로 한국에서 한 사람을 뽑는데 나를 추천하고자 했다. 나는 흔쾌히 요구를 받아들였고 두 달 만에 이직을 결정했다.

새로 옮겨간 회사는 모든 것이 달랐다. 회의 문화나 식사 예절은 물론이고 비공식 소통 경로, 나의 업무 책임 등 모든 것이 내가 알고 있는 기준과 달랐다. 또 내가 던진 어떤 농담에는 심각하게 반응해서 분위기를 썰렁하게 만드는가 하면 내가 발표를 하면 쓸데없는 질문이 쏟아지고는 했다. 좀더 철저하게 새 회사에 대한 연구를 했어야 옳았다.

다 지난 일이지만 멘토가 있어야 했다. 젊은 날의 호승심으로 모든 것을 막아내기는 어려웠다. 특히 인맥으로 이어진 관계는 나에게 큰 위협이었으며 여기에 대항하는 가장 효과적인 방법은 멘토뿐이었다. 하지만 그것은 방향을 바꾸는 처방은 아니었다. 나는 서서히 무너져 가고 있었다. 그 무너짐을 부인하고 싶지 않았다. 오히려 모든 짐을 벗고 있어서 편안한 느낌이었다. 문화의 차이는 아군의 부재만큼이나 공허한 것이었다. 모든 것이 다 지나가고 나는 지난날을 또 반추해 본다.

내가 목표한 곳, 그 한 발짝 앞에서 자빠진 50대 중반의 나는 누구인가. 그리고 손을 툴툴 털고 혼자의 뜻으로 회사를 떠난 나는 누구인가. 문득 거울을 보면, 아버지가 거기에 서 있다. 거울

속의 그는 또 일상적인 잔소리를 시작한다.

"세상 만만히 보던 놈, 잘되었다."

하지만 아버지, 또 살라 해도 저는 그렇게 살 겁니다.

회사생활은 **돈 버는 '고3'이다**

'신입사원 때'라고 명시한 기간은 따로 없더라도 통상 다음 차수의 신입사원이 입사할 때까지의 기간을 신입기간으로 본다. 이 기간에는 형사상 미성년자처럼 뭘 좀 잘못해도 그 동기가 순수하다고 판단하여 그냥 넘어가는 것이 통례다. 보통 이 기간에는 '사수'라 하여 신입사원이 딴마음 먹지 못하도록 철통방위를 책임지는 선배 직원이 있다. 이때만 해도 신입사원이 경계인임을 인정해 준다. 이쪽에도 저쪽에도 속하지 않은 시한폭탄 같은 신입사원이 사수의 그늘에서 자신의 성장 방향을 결정지으려 하는 때, 그때가 바로 신입사원 때다.

불행히도 누구에게나 허니문 기간은 짧다. 꿈 많던 신입사원 시절도 후딱 가버리고 또 나처럼 어리바리한 신입사원들이 나에게 인사한다.

"취업은 꿈의 실현이 아니라 그 세계의 입문이다"라는 말이 생각난다. 회사생활과 고3 생활을 비교해 보면 경쟁이나 긴장도는 크게 다르지 않다. 다만 회사원은 돈 받고 다니고 학생은 돈 내고 다닌 것 이외에는….

어쨌든 신입사원 시절을 잘 보낸 것은 새로운 세계에 진입을 잘했다는 것이다. 이 탄탄한 출발을 경쟁력의 원천으로 삼아야 할 것이다. 신입사원이 꼭 해야 할 일은 자신이 속한 부서의 모든 자료를 사수의 도움을 받아 숙지하는 것이다. 현 업무에 대해서는 비교적 자세히 공부하고 질문이 있을 경우 따로 노트에 적어서 관리한다.

그 다음은 외국어다. 일부 신입사원에게는 미안하지만 요즈음 영어는 기본이다. 경쟁력을 키우기 위해서는 제2외국어가 반드시 필요하다. 예를 들어 중국어를 전혀 몰라 사업 기회를 놓칠 확률은, 산업에 따라 다르지만, 대부분 증가하고 있다. 또 영어를 하더라도 모국어를 선호하는 인구까지 합하면 그 숫자는 더 커진다.

세 번째로는 사내 처세술에 관련된 책을 읽고 생각하는 시간을 가져야 한다. 회사라는 곳은 항상 서로를 평가하고 평가받으며 지내는 집단이다. 그 와중에 아는 사람 잘 봐주기는 회사도 마찬가지다. 인맥의 중요성을 강조하는 부분이다. 사람을 만나서 나를 알리는 데 많은 시간을 투자해야 한다.

아들아! 신입사원 시절은 너의 길고 긴 회사생활을 위한 에너지를 분배하고 그 에너지를 사용할 방향을 설정하는 기간이다. 겸허하게 배우는 자세로 성실하고 당찬 첫인상을 보여 주도록 해야 한다. 회사생활이란 것이 준비한다고 다 될 수는 없지만 준비 없는 자는 반드시 진다는 소박한 진리를 마음에 새기고 모든 준비에 임해라. "강해서 살아남는 것이 아니라 살아남아서 강한 것"이라는 칭기즈 칸의 말처럼, 살아남기를. 꼭 살아남아 강해지도록.

첫 출근,
인사가 만사다

아들아, 넌 이제 발가벗긴 채로 사막에 서서 지나가는 낙타 떼를 바라보아야 한다. 너는 가진 것이 하나 없고 그들은 아무것도 나누어 주지 않는다. 가끔은 순풍이 불어 걷기가 수월해도 종종 그 순풍이 태풍으로 변한다. 내가 하나 더 가지면 상대가 하나를 내놓아야 한다. 누군가의 손해 없이는 상대방이 더 가질 수 없다. 싸움이든 경쟁이든 경기는 24시간 계속된다. 사막이 끝나면 편해지려나 싶지만 더 큰 장애물인 강이 나타난다. 여기서는 사막을 건너갈 때의 장비는 필요 없어지고 강을 건너는 장비가 있어야 한다. 교전수칙도 그에 따라 변한다. 환경에 맞게 얼마나 빨리 변할 수 있느냐가 승리에 앞서 생존의 요건이다. 여기가 네가 살아가야 할 회사다.

첫 단추는 어디에서나 중요하다. 첫 출근이 10분 늦으면 퇴직할 때까지 10분 늦는다는 말이 있다. 처음으로 평가받는 것이 첫 출근 시간이다. 출근 전날 인사부에 전화를 해서 인사도 할 겸 출근 시간을 확인하고 출근 시간대의 교통 상황도 미리 체크해서 예상 도착 시간을 시뮬레이션 해본다. 첫 출근은 30분 정도 당겨서 하는 것이 좋다. 일찍 도착하면 괜히 여러 사람의 눈에 띄지 말고 회사 응접실이나 가까운 커피숍에서 시간을 보내는 것이 바람직하다.

다음은 복장이다. 신입사원이 처음 양복을 준비할 때는 두 벌 정도가 적당하다. 한 벌은 지금 당장 상갓집으로 달려가도 좋을 어두운 색깔 한 벌과, 나머지 한 벌은 네가 좋아하는 색깔 한 벌. 그러나 첫날은 어두운 양복으로 시작한다. 다음은 구두다. 구두는 겨울용 한 켤레와 봄·가을용 한 켤레 해서 모두 두 켤레면 시작할 수 있다. 구두 색깔은 좀 어두운 쪽이 나은데 양복 색깔과 어울리면 무난하다고 볼 수 있다. 간혹 다른 것은 잘 준비했는데 양말에서 낙제점을 받는다. 여름에 겨울 양말을 신거나, 흰색 스포츠 양말 위에 구두를 신는 경우다. 이런 것은 틀렸다고 말하기는 어렵지만, 마치 두루마리 티슈를 밥상 위에 올려놓은 것처럼 보는 사람으로 하여금 미묘한 거부감을 불러일으킨다.

마지막으로 필기구와 작은 수첩을 준비하여 기억해 두어야 할 것은 메모하는 것이 좋다. 수첩도 프로의 냄새가 풍기는 다이어리로 미리 마련하는 것도 센스 있는 전략이다.

아들아, 모든 준비가 끝났으면 이제부터는 무조건 인사를 해라. 너보다 잘나 보이든 못나 보이든, 한 번 본 사람이든 두 번 본 사람이든 인사를 해라. 사람이 사람을 평가하는 데 딱 7초 걸린단다. 그 평가기준이 무슨 대단한 관상학에 근거한 것이 아니라 주로 옷차림이나 평소의 기본적 처세란다. 심지어 어떤 재벌총수는 청소 아줌마와 자신의 기사에게 인사하지 않는 직원 명단을 작성하여 승진 검증의 마지막 단계로 사용한단다.

이렇듯이 하나부터 열까지 마음 놓을 곳이 없다. 언제 어디서나 너를 평가하는 구도에서는 공격을 하면서도 수비를 생각해야 한다. 그게 월급쟁이다. 빈틈없이 일하고도 어디선가 문제가 생기면 누군가가 책임을 져야 한다. 그게 조직이라고, 그게 책임경영이라고 하면서 떠날 준비를 시킨다. 출근 첫날은 이런 여러 가지 거대한 논리의 시발점이다. 외롭고 가슴 아픈 무한 경쟁의 시작이다.

이럴 때마다 큰 목소리로 소리 내 읽어 보는 글이 있다. "네 시작은 미약하였으나, 끝은 심히 창대하리라." 이제는 이런 글귀에 매달리는 네 모습이 오히려 안타깝다. 그냥 네 색깔대로 가라. 가다 보면 익기 시작하는 너의 색깔을 찾을 거다.

첫 회식,
절대로 네 의견을
드러내지 마라

우리는 세계 3대 거짓말을 잘 안다. 장사꾼이 "손해 보고 물건 판다"는 말, 처녀의 "시집가기 싫다"는 이야기와, 어르신이 "일찍 죽어야지"라고 하는 말씀. 여기에 하나 더 보태 4대 거짓말을 정리하자면, 보스가 "다 용서할 테니 무엇이든 말해 보라"고 하는 것이다. 보스는 네가 한 그 말을 적는다. 아니면 기억했다가 집에 가서 기록으로 남긴다. 보스에게는 첫 회식이 신입사원을 이해하는 첫 단추이며, 또한 그 세대를 이해할 수 있는 문이다.

만약 그의 '용서'가 신입사원들에게 충분한 유혹이 되지 못한다면, 보스는 다시 '야자 타임'을 제안할 것이다. 야자 타임의 교전 수칙은 간단하다. 모두가 계급장을 뗀다는 것이다. 모두가 친구가 되어 편안히 자신의 의견을 말하는 것이다. 계급 사회에서 계급장을 뗀다는 것이 참 황당한 발상이다. 이런 말도 안 되는 제안에 넘어가는 신입사원들이 있다. 부서장을 쳐다보고 "야! 자!"를 하며 서러웠던 한 달을 보상받으려 한다. 대학까지 나온 놈들이 그렇게 '무데뽀'일 수 있는지 옆에서 보기가 민망할 정도다. 내일 아침이면 후회할 일을 왜 하는지 모를 일이다. 부서장은 회식 내내 똑같은 시스템은 아니더라도 이와 비슷한 고백 프로그램을 통하여 신입들의 의식을 파악하고자 한다.

야자 타임이 무르익어 가면 부서장의 심복들은 소맥(소주+맥주)을 사람 수만큼 준비한다. 한 잔은 마셔야 한다. 하늘같은 보스가 내린 술잔을 감히 거부할 수는 없다. 그러나 두 번째 잔부터는 버틸 때까지 버텨야 한다. 버티는 요령은 여러 가지다. 먼저 입에 술을 머금고 마시는 척하며 다시 내놓기, 입에 술을 머금었다가 손수건에 내뱉기, 술을 머금고 화장실로 달려가기 등이 있다. 그러나 선배들 중에 고수들이 있으니 조심해야 한다. 술자리에서 술을 버리는 것은 괘씸죄에 해당되어 발각 시 최고 사형이 가능하기 때문이다.

처음에 이렇게 몸을 사리는 이유는 이날의 술자리는 적어도 3차까지는 계획되어 있어서 체력 안배가 필요하기 때문이다. 1차에서 '만땅'을 채워 버리면 다음 스테이지가 힘이 든다. 가장 최악의 시나리오는 보스가 한 명을 찍어서 데드매치(한 명이 쓰러질 때까지 마시는 것)로 가는 것인데, 여기에 걸리면 '아, 보스가 날 사랑하는구나!' 생각하고 운명으로 받아들여야 한다.

아들아, 첫 회식 때 절대로 네 의견을 드러내지 마라. 성질 급한 놈이 총대 메고 앞장서면 맞장구 정도 쳐주더라도 절대로 네가 앞에 서지 마라. 보스는 그날 네가 쏟아 낸 정보를 무슨 대단한 전리품으로 여겨, 자료 요청이 있을 때마다 인사부에, 관련 임원들에게, 인사위원회에 앵무새처럼 똑같이 반복된 말을 제공할 것이다. 그는 아마도 첫 회식 날의 모습이 너의 모든 것인 양 여길 것이다. 처음이란 이렇게 중요한 것이다.

혹시라도 할 말이 있으면 보스를 향해서가 아니라 동기들을 향해 날려라. 그들을 향하는 것이 보스를 향하는 것보다는 덜 위험하기 때문이다. 동기는 험한 길을 함께 갈 동반자 같은 사람들이다. 그들 각자를 믿고 안 믿고야 지극히 개인 취향이지만 그룹 전체의 특성이 같은 나이를 전제로 한 또래 문화 같아서 비교적 쉽게 가까워질 수 있다는 뜻이다.

신입사원으로서 회식 시간 내내 네가 보여 줄 것은 몇 가지 안 된다. 술은 강제로 도는 것만 마시고 네가 잔 돌리지 말고, 보스가 묻는 말에 대답만 하고, 불평은 동기들과 이야기하고 보스에게는 건설적 이야기만 하고, 결정적으로 노래방이나 스크린 골프장에서 죽여 놔라. 솔직히 부서장급 보스에게 회사 일 얘기해 봐야 개선되는 것 없이 네 패만 보여 주는 꼴이 된다. 그럴 바에는 서로 기분 좋은 이야기만 하다가 헤어지지 뭐.

새로운 일, **문제를 풀려 하지 말고** 답을 찾아라!

대부분의 직장인들은 새로운 일을 받으면 당황해한다. 특히 신입사원들이 제한된 지식으로 이 어려운 문제를 풀려고 하면 한숨만 나온다. 더욱이 보고서 제출일자를 몇 주 뒤로 못 박아 놓으면 긴장의 강도는 더해진다. 주말이 즐겁지 않고 밤에 잠도 잘 오지 않는 불면증 초기 증세도 나타난다. 빨리 주어진 일을 해결하고 보고서까지 작성하려면 시간이 촉박하다. 그럴수록 마음이 급하다.

신입사원이 저지르는 큰 실수 중 하나는 모든 문제를 자신이 풀려고 하는 것이다. 새로운 일이나 프로젝트를 자신의 제한된 지식으로 풀어 나가기는 어렵다. 더욱이 시간의 제약까지 있으면 사태는 아주 심각해진다. 새로운 일에 접했을 때 신입사원들이 반드시 알아야 할 것은 이 문제나 프로젝트는 과거에 누군가가 해결을 시도했고 그 기록이 어딘가에 보관되어 있다는 점이다. 최악의 경우에 아무 자료도 없다면 그 일에 관여한 선배 사원이라도 있을 것이다. 일을 하기 전에 역사적 고찰을 먼저 시작하라. 자료를 뒤져서 관련된 문건을 수집하라. 인맥을 활용하여 순도 높고 신뢰성 있는 정보를 수집하여야 한다. 그리고 관련된 사람들을 찾아가서 그들의 의견을 들어야 한다.

이미 답은 회사 어딘가에 있다고 생각하라. 문제를 푼다기보다는 답을 찾는다는 표현이 옳을지도 모른다. 좀 미안하지만, 너 같은 신입사원에게 숙제로 나갈 문제라면 이미 답이 나온 문제라고 짐작하라. 긍정적인 접근이 문제 해결에 많은 도움을 준다. 그 다음 해결된 문제에 너의 생각을 가미하라. 앞서 정리한 자료 중 그 어느 곳에서도 볼 수 없었던 너만의 생각을 청중들에게 보내야 한다.

09

너의 에너지, **80%만 사용해라**

치열한 경쟁을 뚫고 입사에 성공한 자신에게 먼저 고맙다는 인사부터 해야지. 나 자신이야말로 나의 가장 큰 재산이니까. 내가 원하든 원하지 않든 간에 발령받은 부서에서 즐거운 마음으로 나의 길을 시작해야 한다. 회사는 나에게 급료라는 이름으로 돈을 주고 나의 시간을 산다. 그가 사간 시간은 나에게 되팔지 않는다. 이 거대한 제국주의적 조직 앞에 살아남는 방법은 그냥 달리는 수밖에 없다. 기왕 시작한 게임, 이겨 보자고 스스로에게 다짐하는 의식이 필요하리라.

먼저 중국어 학원에 등록하거나 CD를 사서 하루 1시간이라도 중국어를 공부해야 할 것이다. 영어는 이미 기본이다. 더 이상

비밀병기가 될 수 없다. 그리고 세계 인구의 20퍼센트를 상회하는 중국 민족의 언어를 이해하지 못하고 비즈니스를 한다는 것은 이미 그만한 크기의 시장을 처음부터 포기하고 들어가는 것이나 다름없다.

그리고 시간이 나면 구기종목 중 하나를 열심히 즐기고 또 배우면 좋다. 수영이나 등산은 서로가 교감하기에는 좀 부족한 면이 있다. 골프나 테니스같이 게임 속에서 일체감을 맛볼 수 있는 운동을 통하여 인맥을 만들고 또 공고히 하는 것이 필요하다. 1주일에 반나절 정도는 친구나 거래처 사람들과 시간을 보내는 것이 부드러운 비즈니스에 도움이 된다.

이 모든 것을 해나가되 네 에너지 중에서 80퍼센트만 사용해야 한다. 오랜 경험으로 보아 에너지 80퍼센트를 사용해서 안 될 일이면 100퍼센트를 사용해도 안 된다. 괜히 100퍼센트를 사용하다 몸 버리고 일은 일대로 망치는 경우가 많다.

'하면 된다'는 얘기는 월급쟁이에게 어울리지 않는 말이다. 월급쟁이는 되는 일만 하는 것이 가장 이상적이다. 그게 안 되면 내 에너지 중에 80퍼센트만 사용해서 일을 마무리 지어야 한다. 괜히 목숨 걸고 설치다가는 내 한 몸 망치고 주위 사람 여럿 잡는다. 다시 한 번 너에게 상기시킨다. 여기는 학교가 아니라 회사다.

답은
'보스'의 의중에 있다

회사마다 조금씩 다르기는 하지만, 인사발령은 미리 냄새를 풍긴다. 회사 입장에서도 당사자들의 의견을 결정에 반영할 수 있는 시스템을 가진 셈이니 꽤 괜찮은 전술이다. 모든 인사발령은 둘 중 하나다. 승진형 인사발령 아니면 문책성 인사발령이다. 너의 경우 어디에 해당되든지 신경 쓸 필요가 없다. 이미 발표는 났을 것이고 네가 할 수 있는 일이란 아무것도 없기 때문이다. 다만 걱정할 일이란 어떻게 새로운 일에 적응해 나갈까 하는 것이다.

일이 완전히 바뀌어 새로운 부서로 가게 될 경우 가장 중요한 것은 단시간 내에 업무 숙련도를 부서 평균으로 끌어올리는 것이다. 여기서 '단시간'이란 시장이나 회사에 따라 조금씩 차이가 나지만 보통 3개월에서 6개월 사이다. 업무 특성상 장치산업은 비교적 길고 소비재 쪽으로 갈수록 짧아지는 경향이 있다. 어찌 되었든 주어진 시간 내에 새로운 부서의 업무를 파악하는 것은 도전이 아닐 수 없다.

내 경우 약 6개월간 새벽 3시에 출근하여 하루 16시간씩 일하며 아시아 태평양 지역 8개 나라의 업무 인수인계를 받은 적이 있다. 중요한 것은, 주위 사람들은 너에 대한 기대치를 갖고 있으며 이를 일정 기간 내에 성취하지 않으면 버리고 떠난다는 것이다. 그래서 일정 기간 내에 새 부서가 요구하는 업무 숙련도를 성취하는 것이 새 부서로 발령받은 후 네가 해야 할 첫 번째 과제다.

여기서도 너는 사람의 중요성을 느낀다. 떠나는 전임이 너와 각별한 사이였다면 그는 온갖 시시콜콜한 이야기도 빠뜨리지 않겠지만 반대의 경우 전달되는 정보가 빈약할 수밖에 없을 것이다. 업무 인수인계도 사람에서 시작된다. 그리고 답은 회사 어딘가에 보관되어 있다. 당장 너의 인맥을 이용하여 역사적 고찰을 시도해라. 답을 구하려고 하지 마라. 단지 있는 답을 엮어 내라. 그리고 그 위에 너의 생각을 토핑하라. 그리고 다시 한 번 강조하지만, 보스의 의중이 어디에 있는지를 알고 새로운 일을 준비해야 한다. 그가 'No'면 모든 것이 원점이다.

외국인과 일할 땐, **기록하고 확인하라**

기업들의 세계화 정책에 따라 국내 회사의 임직원들도 외국인들과 접할 기회가 많아졌다. 그에 따라 두 그룹 간의 뜻하지 않은 문화 충돌을 종종 보게 된다. 나는 아무것도 아닌데 상대방은 펄펄 뛴다. 미국 출장 갔다가 이것저것 챙겨 주는 비서가 고마워서 저녁식사에 초대를 했더니만 이 친구가 자기 보스에게 보고를 하고 난리를 치는 바람에 아주 난처한 적이 있었다. 나중에 알고 보니 별 친하지 않은 사람으로부터 "저녁식사 초대는 거의 프러포즈에 가깝다"는 이야기를 들었다. 이런 유의 이야기는 수없이 많다. 이른바 문화 충돌이다.

문화 충돌을 줄이는 방법은 크게 두 가지다. 먼저 상대방의 이야기를 통해 무엇을 원하는지 알아야 한다. 그리고 그 정보를 바탕으로 배려하여야 한다. 상대방과 대화를 할 때는 크게 두 가지의 능력이 필요하다. 이해력과 표현력이다. 이해력은 상대방의 뜻하는 바를 알아차리는 능력이고, 표현력은 자신의 뜻을 나타내는 능력이다. 대부분의 사람들이 외국인과 대화할 때 높은 수준의 표현력을 나타내는 반면 아주 낮은 이해력을 보인다. 심지어 상대방이 말을 할 때 이해하기 위한 노력보다는 자신이 다음에 할 말을 궁리한다는 사람도 많다. 상대방의 생각을 완전히 모르니 그 다음 단계의 배려가 어려워진다. 그러니 먼저 들어라.

기록하고 확인하는 것이 그들과 함께 일하는 도구다. 아무리 하찮은 미팅도 기록하였다가 그들에게 이메일로 날려야 한다. 중요한 것은 따로 상대방의 보스에게 보낸다. 외국인들, 보스라면 껌뻑 죽는다. 미리미리 알려놓으면 나중에 일이 잘 안 풀릴 때 그의 보스에게 도움을 청하면 의외로 문제가 쉽게 풀릴 수 있다.

그리고 작은 문제도 그냥 넘어가지 마라. 바보라서 가만히 있는 줄 안다. 다만, 시비를 걸 때는 절대로 큰 소리는 안 된다. 낮은 목소리로 논리를 앞세워야 한다. 싸움을 하더라도 상대방을 결국 내 편으로 만들겠다는 동료의식을 가지고 있어야 한다. 무자비한 전쟁은 모두에게 손해다. 어떤 경우에도 애사심과 함께 동료의식을 가져야 한다. 외국인들, 자기네끼리 모이면 다 네 이야기한다. 그게 바로 평판이고 여론이 된다. 여기도 몰래 카메라가 있다. 어쨌든 여기서도 중요한 것은 사람들과 잘 지내고 보스에게 잘 보이는 것이다.

술을 못하면, **술꾼들의 '따까리' 역할이라도 하라**

비즈니스 세계에서 술의 중요성은 오늘날에 와서 좀 약화된 듯한 느낌이 들지만 여전히 술을 못 마시는 것이 자랑이 될 수는 없다. 그러나 그것 때문에 일을 할 수 없다는 것도 좀 과장된 표현이다. 어쨌든 회사생활 하면서 술은 자신의 네트워크를 넓히는 수단이며 서로를 이해하는 매개체임이 분명하다. 이런 중요성을 알지만 지금 당장 주량을 늘리기도 어려운 일이다. 그렇다면 내가 아들에게 권하는 방법은 차선책이다.

술은 썩 못 마시지만 술자리의 끈적한 분위기를 사랑한다고 말하고 또 그렇게 행동해라. 이른바 술꾼들의 '따까리' 역할을 자청하라는 말이다. 물론 시간이 지나 고참이 되면 조금씩 달라지겠지만, 처음에는 빡빡 기는 것이 최고다. 술집을 예약하고, 노래방을 알아 놓고, 술 취한 선배를 택시 태워 보내고, 미리 확보한 법인 카드로 계산까지 깔끔하게 끝낸다. 술자리에서 일어나는 모든 일들이 너의 손을 거치도록 해라. 이 예상치 않은 업무 하중에 너무 괴로워 말아라. 세월은 가고 신입이 들어오면 너의 위상은 달라진다. 어쨌든 너는 몸으로 때워 주량의 부재를 메워야 한다. 그렇게 해서 이른바 술꾼들의 네트워크에 충성당원으로 자리매김하게 되는 것이다.

모든 게 선택이다. 까짓것 주량이 약하면 술 안 먹으면 된다. 술자리의 커넥션도 포기하고 나 혼자 열심히 하면 되겠지 하는 생각이 들면 문제는 간단해 보인다. 하지만 반드시 기억해라. 회사의 조직은 서로서로 얽혀 있어서 다른 사람의 도움 없이는 사소한 일도 해결하기가 어렵다. 그리고 사람들은 너를 평가하고 있으며 술자리는 그런 유의 평가를 가장 용이하게 할 수 있는 최적의 장소다. 술 못한다고 안 하면 월급쟁이가 아니다. 모름지기 월급쟁이는 뭘 시켜도 해내야 되고, 안 되면 열심히 하는 척이라도 해야 된다. 술도 마찬가지다.

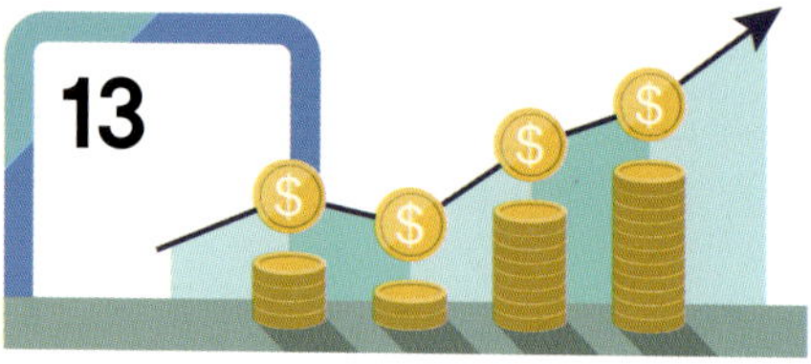

시장이 안 좋을 땐,
거시경제를 탓해라

시장은 막 돌이 지난 개구쟁이 아기 공룡이다. 성장하는 것은 틀림없지만 그 속도를 예측하기 어렵고, 달리는 방향도 막연히 짐작만 할 뿐 닥치기 전에는 알 길이 묘연하다. 지난해 내 손으로 작성한 경영 계획에서 매출액 10퍼센트 성장을 장담하였건만 시장은 오히려 쪼그라들고 있다. 난 잘못한 게 없지만 언제나 죄인 취급을 받는다. 이상의 상황이 우리가 가장 흔하게 보는 '나쁜 시장'의 한 예다.

경영진은 이 문제를 두고 고심하다가 드디어 총을 뽑아들 것이다. 너 같은 피라미야 타깃이 되지도 않겠지만, 보스를 위해 예상답변 정도는 마련하고 있어야 할 것이다. 여러 가지 옵션이 있겠지만 이야기를 거시경제 쪽에서 풀어 나가는 것이 수월하다. 시장이 나쁠 때는 대부분의 분석가들도 거시경제 쪽으로 초점을 옮긴다. 그리고 이러한 설명은 범인을 숨겨 주어 특정 부서나 개인에게 책임을 묻기가 어렵다. 월급쟁이에게 딱 맞는 조건이다.

어쨌든 시장이 줄어들고, 환율이 춤을 추고, 비용이 상승해서 시장이 나빠졌다는데 더 이상의 문책은 어렵게 된다. 그러나 불행히도 거시경제의 문 뒤에 숨는 것은 한 번이다. 왜냐하면 경영진은 거시경제지표가 언제 좋아질 것인지, 얼마나 좋아질 것인지를 요구할 것이기 때문이다.

그리고 좋아진 이후의 시장 상황과 무엇을 어떻게 대비하여야 할지를 이야기해야 한다. 특히 다운 트렌드(down trend)의 장점을 전략적으로 설명하는 것이 필요하다. 예를 들어 이 시기에는 생산 설비의 확충이 용이하고 조직의 슬림화에 대한 고려도 해 볼 수 있는 시기다. 세상살이 다 마찬가지다. 일이 잘 안될 때 누가 잘했느니 못했느니를 따져 봐야 답도 안 나오고 동네만 시끄럽다. 그냥 큰 그림 보고 앉았다가 후일을 기약함이 옳다. 너의 보고서도 이렇게 함이 맞지 싶다.

시장이 좋을 땐, **성장동력을 분석해라**

시장이 급격히 성장하면 경영진이나 네 보스가 좋아할 것 같지만, 항상 그렇지만은 않다. 그들도 월급쟁이기 때문에 주인의식과 함께 대리인의 양면성도 갖고 있다. 올해 최고의 실적을 올리기보다는 점차적으로 성장하는 완만한 직선을 더 선호한다. 한 해 하고 그만둘 장사 아니면 천천히 가자는 뜻이다. 급격한 성장을 미덕으로 아는 경영자 이외에도 완만한 성장을 바라는 몇몇 임원 또한 너의 보고서를 읽는 독자임을 잊지 마라. 그러나 급격한 시장 성장에 대한 몇몇 비관론자의 견해에도 불구하고 여전히 성장하는 시장은 매력적이다.

이런 시장 분석은 거래처별로 상세히 하는 것이 좋다. 어느 거래처에서 수요량이 얼마나 증가하였으며 그 원인이 무엇인가를 살펴본다. 이른바 성장동력을 찾아내는 것이다. 그 다음 우리의 매출액은 얼마나 늘었고 어떤 경쟁력으로 그만큼 갔는지를 설명할 수 있어야 한다. 이런 거래처별 상세 분석은 간접적으로 거래처의 성격을 알 수 있는 부수입도 준다. 실적이 평균보다 떨어지는 거래처는 이른바 벤치마킹을 통하여 새로운 목표를 부여한다. 만일 이런 분석에서 거래처를 새로이 개발해야 할 필요가 있을 경우 조심해야 한다. 최악의 경우 시장만 흐려 놓고 얻는 것은 없을 수 있다. 이런 경우 경쟁력 분석이 선행되어야 한다. 네가 가진 경쟁력이 먹히는 거래처를 선별적으로 뚫어야 한다.

모든 임직원이 급격히 성장하는 시장에 대해 호감을 가진다는 사고방식부터 버리는 것이 너의 보고서 작업이 시작하는 출발점이다. 먼저 성장동력을 분석하여 시장을 버티는 힘을 찾아야 한다. 그 힘의 원천은 거래처다. 거래처를 구체적으로 분석하여 우리의 경쟁력을 밝혀내야 한다. 액셀러레이터를 알아야 브레이크를 이해할 것이다. 여기까지 왔으면 거래처의 선별도 가능하다. 가격은 싸고 우리 경쟁력은 약하다면 전략적으로 거래처를 버리는 작전도 가능하다. 그러면 판매량은 조금 줄어들 것이고, 이것 또한 소수 비관론자를 안심시키는 카드가 될 것이다.

아들아! 세상사 다 마찬가지니라. 오를 때가 있으면 내릴 때가 있는 법. 죽을 만큼 힘들게는 살지 마라.

15
신제품 개발은 **연구소와 영업부서의 신경전이다**

현장에는 답이 있다. 추락한 시장점유율도, 빗발치는 고객의 불만도 시장에 나가면 그 답이 있다. 대부분의 담당자들이 회의를 통해서 얻으려 한 수많은 문제들에 대한 답이 시장에 나가면 지천에 떠다닌다. 그래, 다 맞는 말이다. 적어도 오늘 우리가 가진 문제에 있어서는 그렇다.

하지만 신제품 개발에 있어서는 이야기가 조금 달라진다. 신제품 개발은 움직이는 과녁을 맞히는 것과 같다. 지금 개발 목표를 세워 제품을 개발해도 몇 년 정도 뒤에 사용되므로, 그때 가면 시장의 요구사항이 달라질 수 있다. 과녁의 설정뿐만 아니라 과녁이 어디로 움직이는지도 예측하여야 한다. 과녁이든 과녁의 움직이는 방향이든 모두 토론이 어려운 주제다.

대부분 회사에서 신제품 개발의 첫발은 영업부서의 차지다. 아무래도 시장과 잦은 교류가 있다 보니 제품 개발의 시급성을 가장 먼저 느끼게 된다. 일단 자질구레한 품질 결함도 신제품에서는 해결될 수 있으니 영업부서의 요구는 언제나 거세고 다양하며 구체적이다. 그것은 다른 말로 돈의 사용을 의미한다.

영업부서의 속셈은 남의 돈으로 신형 미사일 한 방 준비하는 것이겠지만, 꿈 깨시라. 신제품 개발비는 독립적으로 편성된 연구개발비 예산으로 집행되었다가 나중에 영업부서와 연구소로 분산되는 경우가 많다. 따라서 싸움은 예산에서 시작하기보다 프로젝트 전체의 효율에서 시작하는 것이 좋다.

좌우지간 신제품 개발 계획 초기단계부터 연구소와 영업부서 사이에는 공식·비공식적으로 신경전이 오간다. 여기서 보통 '빅 보스'가 개입하게 된다. 오해 마시라. 어떤 빅 보스도 자기가 책임진다고 말하는 걸 본 적 없다. 단지 그 프로젝트의 중요성만 원론적으로 강조하고 자리를 뜰 뿐이다. 어쨌든 프로젝트의 발의는 영업부서, 추진은 연구소가 담당하며, 투자가 필요한 경우는 경영층의 투자승인을 받아서 일을 추진하게 된다.

여기서 시장의 피드백이 중요한 활동 중 하나다. 시장의 요구사항이 처음 생각했던 대로 간다면 좋겠지만 대부분 그렇지 않다. 이 경우 프로젝트는 연구소와 협조하여 수정되어야 하고, 그런 과정은 일이 끝날 때까지 얼마나 계속될지 모를 일이다. 한 스무 번쯤 파일을 고치다 보면 내가 왜 사는지 스스로에게 묻게 된다.

이런 과정을 일일이 체크하며 관여하는 부서가 있다. 마케팅 부서다. 이 부서는 전사적 이익 관리를 내세워 안 끼는 데가 없다. 당연히 수정된 프로젝트 파일은 경제성 측면에서 마케팅부서의 검토를 받아야 한다. 어느 정도 틀을 만든 뒤, 관련 부서(여기서는 생산부와 자금부)에도 통보하여 다음 단계에 대한 준비를 하여야 한다.

신제품 개발은 어려운 시장 상황을 타개하고 회사의 입지를 튼튼히 할 수 있는 강력한 도구다. 그러므로 회사에서도 관심이 지대하다. 어떤 회사는 시장의 요구에 불문하고 정기적으로 새 제품을 내놓는다. 이러한 중요한 회의일수록 너무 나대지 말고 네가 맡은 부분만 프로답게 담담히 설명해라. 너는 월급쟁이다. 언제나 에너지의 80퍼센트만 써라. 그러나 120퍼센트를 쓰는 것 같이 보여라.

시차 극복은 **정신력에 달렸다**

먼저 여기서 제시하는 시차 극복 방법이란 아무런 의학적 뒷받침이 없는, 순전히 나의 경험에서 온 것임을 밝혀 둔다. 비행기를 한 달에 평균 두어 번 타기를 근 30년 했으니 마일리지가 제법 된다. 항공사 집계로는 약 100만 마일이 좀 넘는단다. 출장을 많이 다닐 때는 하루에도 두 나라씩 다니다 보니 아침에 일어나면 여기가 어딘지 몰라 호텔 프런트에 전화를 한 적도 있었다. 이불도 내가 자주 가던 홍콩 '르네상스 하버뷰'의 이불이 아니면 잠을 설쳤다. 몸도 마음도 혼란의 시기였다. 식사 시간과 수면 시간의 기준이 흔들리고 뒤이어 늘 견디기 어려운 피로감이 왔다. 이럴 때는 땀이 나도록 뛰었다. 이 정도만 해도 아시아에서 살아나기는 별 이상이 없다.

문제는 유럽이나 북미 출장이다. 시간이 반대로 흐르면 내 몸 속의 피도 거꾸로 흐르는 것 같다. 졸음이 자율신경 전체를 부여잡고 온 몸을 패대기치는 것 같다. 신경 써서 준비하지 않으면 출장 가서 잠만 자다 오기 쉽다. 이걸 피하기 위해 모두가 발버둥 친다. 하지만 별 성과 없는 결과에 또 한 줄을 보탠다. 나의 비방도 이러한 범주에 크게 벗어나지 않으나, 다만 몇몇 성공 사례에 힘입어 여기에 쓴다.

비행기를 타기 전 너의 시계를 도착지 시간에 맞추어라. 그 순간부터 너는 도착지 사람들과 같은 시간에 먹고 자는 것이다. 비행 계획과도 무관하다. 현지인들이 잠잘 시간이면 너도 안대를 하고서라도 잠을 자라. 특히 식사는 비행기에 오를 때 미리 시간을 정해서 주문해 두어야 나중에 미움을 사지 않는다. 미리 준비한 계획표를 수첩 가운데 끼워 놓고 그 계획에 따라야 한다. 먹고 자고 마시는 모든 것을 너의 시간표에 맞춰라.

여기서 특히 유의할 두 가지는 운동과 식사다. 운동은 탑승 전에 충분히 해두어서 몸이 약간 피곤한 상태가 최적이다. 그래도 운동 시간이 되면 기내의 빈 곳을 찾아서 맨손체조라도 하는 것이 좋다.

식사 시간에는 알코올 함유 음료나 육류를 섭취하는 것은 바람직하지 않다. 가능하면 채식 위주로 먹고 시간표에 따르는 것이 좋다. 너의 수면 시간에 도저히 잠잘 수 없다면 조용한 한국 영화 한 편이 도움이 될 거다. 비행기를 내려서 이제 마지막 점검이다. 체크인이 끝나면 방에서 얼쩡거리지 마라. 간편한 복장으로 어디로든 가라. 쇼핑을 하든, 짐(gym)에 가든, 골프장에 가든 어디로든 가서 땀을 흘려라. 그리고 호텔에 돌아오면 일찌감치 침대에 들어라. 침대에서 회의 자료나 책을 읽는 것은 숙면에 별 도움이 안 된다.

사람이 하루에 극복할 수 있는 시차는 1시간이란다. 만일 네가 미국 동부까지 13시간의 시차를 극복해서 날아가야 한다면 도착 후 약 2주가 지나야 너의 컨디션을 되찾을 수 있다는 얘기다. 하지만 잘 생각해 봐라. 어느 정신 나간 회사가 피로회복에 2주를 줄까. 상황이 그렇다면 시차 극복은 너의 정신력에 달렸다고 볼 수 있다. 너무 큰 것 바라지 말고 비행기 비즈니스 좌석에 태워 준 것에 감사하면서 앞에서 제시한 민간요법에 의존하여 눈 크게 뜨고 회의실로 향하는 수밖에 없다. 졸릴 때는 자는 게 최고인데 아들아, 나이 들수록 왜 글이 자꾸만 정곡을 비껴 나가는지 모르겠다. 비겁해지는 건가?

해외출장은 **우주로 떠난다고 생각해라**

미국 휴스턴에 착륙한 시간은 저녁 6시 경이었다. 입국 심사를 마치고 짐을 찾고 렌터카를 빌리고 나니 오후 7시가 지나가고 있었다. 안내 데스크에서 지도 한 장을 집어 들고 주차장으로 가니 밖은 이미 깜깜하다. 저녁을 먹으려다 도착하면 먹지 싶어서 그냥 자동차 시동을 건다. 가지고 온 메일로 보아 목적지는 프리포트 공장 근처의 리조트 지역인 모양이다. 공항을 나설 때 렌터카 데스크에 물어보니 프리포트는 곧장 남쪽으로 내려가란다.

내비게이션이 없던 1990년 후반의 미국여행은 이렇게 시작된다. 딸랑 이메일 한 장과 지도에 의지하여 남쪽으로 가는 길은 참으로 멀었다. 좀더 자세히 알아 왔더라면 좋았을 걸 하는 뒤늦은 후회가 일었다. 배가 너무 고팠다. 아! 스트레스 지수 최고점이다. 간단히 저녁도 먹고 휘발유도 채울 겸해서 고속도로를 벗어나오는데 경찰차가 앞을 가로막았다. 이국땅에서 드디어 유명을 달리하는구나 싶었다. 면허증 제시 후에 경찰이 알려 준 나의 범죄는 '역주행'이란다. 좀더 자세히 길에 대한 정보를 알았더라면 이런 수모는 없었을 텐데 잠시의 게으름이 많은 것을 빼앗아 가는구나 싶었다. 나는 그날 새벽 2시에 공복 상태로 호텔에 도착했다.

해외에서 특히 처음 가는 지역은 출장자에게는 우주와 마찬가지다. 한 지점에서 다음 지점을 연결하는 정보와 구체적 이동 방법이 확인되어야 한다. 그렇지 않으면 값을 치르게 된다. 상상해 보라, 어느 낯선 나라의 공항에 서서 어디로 가야 할지 막막해하는 너의 모습을.

우선 공항에서 미팅 장소까지 이동 방법이나, 자가 운전 시 렌터카 인수 방법 등의 정보가 출발 전에 정리되어야 한다. 렌터카 사용 시 도로명이나 번호 외에 랜드마크도 알아놓는 것이 필요하다. 호텔로 바로 갈 경우 호텔 차를 미리 예약하는 것도 필요하다. 또 호텔에 투숙할 경우 자신이 좋아하는 위치의 방을 요구할 수도 있다. 이런 자질구레한 수많은 아이템들은 미리 챙겨두면 큰 도움이 되지만, 그냥 흘려 두면 상대 국가에서는 몽땅 'OK'로 간주하여 거들떠보지도 않아 급기야 재앙으로 변한다. 이런 작은 아이템들은 리스트를 만들어 체크하는 것도 효율적이다. 물론 너의 손에 여권과 비행기 표는 당연히 있겠지?

그 다음으로 꼽을 수 있는 중요한 준비는 단연 회의 준비다. 국내에서와 유사하게 네가 발표자라면 자료 준비가 필수다. 영어로 발표할 것이기 때문에 비행기에서 미리 처음 한두 장을 외워 두는 것이 좋다.

첫 해외 출장에서 부서장 선물 챙기느라 혼자서 면세점을 싸돌아다니는 것은 볼썽사납다. 그냥 가만히 앉아 빠뜨린 것이 없는지를 차분히 챙겨야 한다. 첫 출장에 호텔 못 찾아가면 다른 참석자들이 신이 나서 씹어댈 거다. 생각해 봐라. 요즈음 아시아에 점잖은 인종이 있는지. 어쨌든 아부는 나중에 하고 첫 출장은 네 생각만 해라. 그래야 인생의 첫 단추가 온전하게 붙어 있을 게다. 출장 잘 갔다 와!

18 체력의 중요성은 **버티기다**

회사생활 하면서 사무실에서 밤을 새우건 상갓집에서 밤을 새우건 끝까지 버텼다는 것은 체력적으로 검증되었다는 뜻이다. 사람들은 시간이 지나면서 하나둘씩 자리를 뜨고 그에 비례하여 남은 자들의 자긍심도 커지게 마련이다. 모든 모임에서 너의 체력을 보여 줄 필요는 없지만 이때다 싶을 때는 선별적으로 보여주는 것이 필요하다.

체력의 중요성은 버티기에서 시작된다. 이런 유의 평가로는 사내 체육대회나 골프대회가 있다. 이 두 대회에서는 버티기 위에 적절한 기술이 필요하다. 회사 내의 운동 시합에서 일정한 위치를 장악하는 것은 아주 중요한 일이다. 사내 대회에서 아주 나쁜 성적을 내면 우선 다음 번 친선 게임 때 불러 주지 않는다. 그러면 너는 중요한 정보 채널을 잃게 되고 급기야 고립될 수도 있다. 그래서 사람들과 친교할 수 있는 운동경기(골프, 테니스 등)를 한두 종목 해두는 것이 중요하다. 경기에 참여함으로써 서로 유대관계를 가지게 된다. 이처럼 체력은 경기를 통해 다른 사람과 친교하도록 해준다. 체력이 없으면 이런 활동이 불가능하다는 뜻이 된다. 체력은 형식적 무형식적 놀이에서 우선권을 차지하기 위한 필수불가결의 자격 요건이다.

살아남기 위해 제대로 발버둥 치는 월급쟁이라면 하루하루 체력의 한계를 느낀다. 특히 새로운 일을 맡고 나면 그 정도는 심해진다. 보통 새로운 자리는 6개월 이내에 성공과 실패가 분명히 드러난다고 한다. 장치산업일수록 그 기간이 늘어나고 소비재일수록 줄어드는 경향은 있으나, 일을 맡은 사람의 긴장도는 큰 차이가 없을 것이다. 어쨌든 새로운 일에 온 힘을 쏟으며 하루하루를 긴장 속에서 지낸다는 것은 상당한 에너지의 소모를 의미한다.

매니저급 정도에서 일이 바뀌면 6개월 동안은 하루 18시간씩 일하는 직원도 보았다. 그들은 주로 회의실에서 점심시간을 이용하여 잠을 잔다. 그리고 다들 자는 새벽 시간에 운동을 한다. 이 방법은 양적, 질적으로 시간 활용도가 높으나 자신의 몸이 쉽게 망가진다는 단점이 있다. 오랫동안 그렇게 살다 보면 아침저녁이 구별이 안 되기도 한다. 특히 발표 시간이 한정된 프로젝트에서는 회사에서 밤을 새우는 일이 허다한 '체력전'을 펼친다.

사랑하는 아들아! 에너지든 물질이든 결국 그 양은 한계가 있다. 체력도 마찬가지이다. 젊을 때 다른 사람보다 멀리 가겠다고 온 힘을 다 쏟아 붓고 나면, 반드시 에너지는 소진되고 몸 여기저기서 비명소리가 들릴 게다. 물론 회사에서는 120~130퍼센트를 요구하겠지만 거기에 현혹될 필요가 없다. 결국 현대 경영이란 합리적으로 노동력을 착취하는 기술이다. 일단 내 할 일만 똑 부러지게 하고 나면 좀 뺀질거리면서 에너지를 충전하는 것이 적절한 에너지 안배 방법이다. 회사에서 살아남기 위해서, 혹은 앞장서기 위해서 체력은 절대 필요한 요소다. 힘을 과시하지 마라. 단지 선별된 장소에서 너를 키우거나 지탱하는 데 필요한 경우 80퍼센트만 써라. 까불면 자빠지는 것은 만고의 진리다.

아들아,
경쟁력 있는 임원이 되어라

어느 집단이나 계급이 있고 거기에 따른 경쟁력도 다르다. 말단 사원과 사장의 경쟁력이 다르고 사병과 장군의 생존 방식이 다르다. 학교도 마찬가지다. 초등학교 때는 적응력을 요구하고 중학교 때는 암기력을 요구하며 고등학교 때는 인내력을, 대학교 때는 자금력을 각각 요구한다는 우스갯소리도 있다. 하지만 이 논리에는 허점이 있다. 암기력이 뛰어난 학생은 중학교에 들어가기만 하면 두각을 보일 텐데 모자라는 적응력 때문에 초등학교에서 도태되어 버릴 것이다. 이런 식으로 가면 이 사회의 대학생들은 똑 부러지게 잘하는 것 없이 모든 것에 두루뭉술한 인재들만 있을 것이다.

회사도 마찬가지다. 신입사원 때는 시키는 일만 잘하면 되지만 직급이 올라갈수록 자신이 문제를 찾아내어 창의적으로 풀어나가야 한다. 아무래도 신입사원에게는 힘 쓸 일들이 머리 쓸 일들보다 더 많다. 그러나 힘세고 창의적인 신입사원이 신입 시절 너무 힘센 것에 초점이 맞추어지면 직급이 올라갈수록 불리하지 않을까?

실제로 많은 사장감들이 이런저런 이유로 일찌감치 회사를 떠나고 오직 참을성 많은 그룹만 살아남아 자리를 논하고 있을지 모를 일이다. 아들아, 이런 위협에도 불구하고 우리는 우리의 갈 길을 가자. 실천하든지 말든지 그건 각자의 일이고 임원의 경쟁력이란 게 무엇인지 깊이 생각이나 해보자.

첫째로, 임원은 자신이 맡은 사업부서의 대표 역할을 하므로 상부로부터 온갖 잡다한 질문에 시달린다. 우선 가장 시급한 것이 숫자에 밝은 능력과 순발력이다. 보고라는 것은 따끈할수록 좋다. 내일 아침의 장황한 보고서보다 오늘 지금 따끈한 숫자가 훨씬 낫다.

둘째로 요구되는 경쟁력은 '다변'(多辯)이다. 물론 괴로울 정도로 떠들어 대면 안 되겠지만 과묵한 성격과 비교해 보면 말 많은 것이 더 낫다는 말이다. 확실히 말 많은 놈이 일 잘하는 놈보다 낫다.

셋째로는 노력형보다는 천재형이 낫다. 사장으로 태어난 사람이 사장으로 키워진 사람보다 낫다는 말이다. 하루에도 수십 건의 크고 작은 의사결정을 하다 보면 노력형은 시간이 지날수록

스트레스가 쌓여 가고 업무 효율도 떨어진다.

넷째로는 사람 만나는 일이 즐거워야 한다. 모여서 골프를 치든 업무 이야기를 하든 사람들 만나는 일이 하루에도 수십 건이다. 저녁은 항상 일로 모인 사람들끼리 먹는다는 각오가 없으면 임원 자리를 지키기 어렵다.

경쟁력 있는 임원이란, 약간 천재형의 순발력 있는 다변가가 좋을 듯하다. 거기다가 골프는 90타 이내고 퇴근 때쯤 꼭 건수를 찾는 사람, 이런 사람이 리더십까지 갖추면 금상첨화다.

아들아! 내가 제시한 임원은 보편타당한 표준형이다. 이런 표준형으로는 매년 있는 평가를 겨우 통과할 뿐 결정적 승기를 잡을 수 없다. 이를 위해서 결정적 한 방이 필요하다. 예를 들어 중국어 전문가라든지 토익 만점이라든지.

어쨌든 임원의 경쟁력을 매년 순차적으로 교과서 목차처럼 발전시킨다는 것은 불가능하다. 다만 '이런 경쟁력이 필요하구나' 하는 인식을 갖고, 등산할 때 산꼭대기를 보는 마음으로 길게 보고 천천히 가거라. 그리고 그 과정을 즐겨라. 행복은 성공에 있는 것이 아니라 그 성취 과정에 있기에.

그리고 마지막으로 임원쯤 되면 그것이 옳든 그르든 자신과 조직을 지킬 만한 인맥 정도는 갖고 있어야 한다. 갈 길 험한 것 같아도 가다 보면 끝이 보인다. 아들, 파이팅!

네가 어떤 사람인지 **회사 전체에 알려라**

'마켓플랜'은 기업의 사업 운영계획을 현실화하기 위한 시장 관리 지침서다. 먼저 경쟁력 분석에서 이야기를 시작한다. 이전의 시장 관리 정책이 전면전의 개념이라면, 최근의 추세는 '우리의 가장 강한 부분으로 적의 가장 약한 부분을 공략한다'는 논리다. 최소한의 투입으로 최대한의 효과를 얻겠다는 경영학의 이론과 같다. 이를 위해 우리의 현재 위상을 파악하고, 또 목표를 설정하여 각 부서별로 실행 계획을 구체화하게 된다. 귀찮은 작업이기는 하나, 회사의 모든 활동을 미리 일일이 살펴볼 기회를 주는 좋은 프로세스다.

아들아! 너도 이런 마켓플랜이 필요하다. 현재의 나를 알고 목표를 정확히 한 다음, 나의 가장 센 부분으로 경쟁자들의 가장 약한 부분을 두들겨야 한다. 이것은 '야비함'이 아니라, 이미 '효율'이다. 만일 선별적 노력이 없다면 너는 곧 지쳐서 포기하거나 힘들게 살아야 할 게다.

우선 다른 신입사원과 비교해 보았을 때 어떤 점이 나은지를 파악하고 그 상대적 우위를 지속적으로 계발하여 나의 영원한 조커로 만들어야 한다. 예를 들어 내가 중국어 실력이 뛰어나다면 회사 안팎의 강좌를 통하여 실력을 지속적으로 배양해야 한다. 그런 경쟁력이 없다면 오늘부터라도 계발할 일이다. 이런 경쟁력은 꼭 일에만 국한되는 것이 아니다. 기타를 잘 친다면 사내 보컬 그룹을 구성하여 행사 때마다 회사의 친목도모에 기여할 수 있을 것이다. 골프도 좋고 테니스도 좋다. 회사 일 말고 내가 남들보다 더 잘하는 게 뭔지를 생각해서 이것을 디딤돌로 삼아 올라서야 한다. 나를 알려라. 내가 어떤 사람인가를 회사 전체에 알려라.

너의 마켓플랜에서는 회사에서 5년 뒤 혹은 10년 뒤의 네 모습을 그려 내야 한다. 앞서 규정한 너만의 경쟁력 우위가 미래에 너를 어떤 모습으로 만들어 줄 것인지, 아니면 네가 전략적으로 어떠한 모습이 되고 싶어 하는지를 결정해야 한다. 예를 들어 회사는 직원들의 능력을 면밀히 파악하여 그 성장계획을 수시로 수정하고 그에 따라 여러 프로그램을 각자에게 제안한다. 여기서 과연 성장만이 우리가 택할 선택지인가 자문할 수도 있다. 힘들게 승진하느니 그냥 팀장으로 살다가 조용히 정년을 맞겠다는 선택도 유효하다. 선택은 자유다. 다만 책임을 다하고 오랫동안 준비해 온 자들에게.

입사 6개월 안에 **너의 이미지를 구축해라**

브랜드란 생산자에게는 마케팅의 결과를 저축해 두는 창고지만, 소비자에게는 구매 의사결정 시간을 단축시키는 편리함을 가져다주는 지름길이다. 소비자들은 제품에 대한 긴 설명보다는 자신이 경험하고 기억하는 제품을 순간적으로 떠올리며 구매를 결정한다. 그 기억이 나쁜 것이라면 당연히 결정에 많은 시간이 걸릴 것이며, 좋은 경우라면 짧은 순간에 웃돈을 주고서라도 구매를 결정하게 된다. 그래서 브랜드의 가치는 해당 기업의 가치와 버금가는 것이며 이것을 지키기 위하여 사활을 걸고 경쟁한다. 펩시와 코카콜라의 싸움도 알고 보면 브랜드 구축 전쟁이다. 콜라를 이야기할 때 어떤 브랜드를 먼저 떠올리는가 하는 것이다.

회사생활도 마찬가지다. 수백 명, 아니 어떤 경우에는 수천 명에 달하는 신입사원들 중에서 너를 기억해 주는 사람은 별로 없다. 물론 오랜 시간이 지나면 차차 기억하겠지만, 이미 그때는 2류, 3류 브랜드 자리만 남아 있을 게다. 어쨌든 직장 상사와 동료들은 그 수많은 새 얼굴들을 이름으로 기억하는 걸 번거롭게 생각한다. 특히 같은 부서가 아니라면 그냥 얼굴의 특징으로 불린다. 예를 들어 코 큰 아이, 짝짝이 눈 등. 그런데 이 이미지는 한 번 자리 잡고 나면 바꾸기가 거의 불가능하다. 과장이 되어도 '코 큰 과장'이고 부장으로 승진해서도 '코 큰 부장'이다. 일을 열심히 하는 것은 기본이지만 뭔가 다른 사람의 기억 속에서 신선하고 특이한 인물로 자리 잡는 것이 필요하다. 예를 들자면 발표 잘하는 박 사원, 인사 잘하는 홍 아무개, 사내 리드보컬 윤 군, 등산반 총무 김 거시기 등.

브랜드 이미지의 구축은 입사한 지 6개월 이내에 이루어져야 한다. 이런 말이 있다. "시장점유율은 바꿔도 브랜드 이미지는 못 바꾼다." 일단 조직원들의 머릿속에 각인된 기억은 쉽게 그 자리를 내어 주지 않는다. 결과적으로 관객들은 1등만을 기억하지, 2등이나 3등은 기억하지 않는다. 혹시 기억하더라도 1등과 연계해서 기억한다. 그러므로 자신의 브랜드 구축은 늦어도 입사 6개월 이전에 이루이져야 한다. 그래야 자신의 존재감을 주위 사람들에게 부각시킬 수 있고 또 선점한 이미지를 경쟁자로부터 지킬 수 있다.

아들아! 회사란 경쟁력 있는 나의 능력을 사주는 자본가일 뿐

나에게 일자리를 주는 마음 좋은 아저씨는 아니다. 나를 알려라!
그것이 싸움의 첫 장이다.

이직은 웬만하면 **안 하는 게 좋다**

제법 머리가 굵어지고 업계에서 평판도 좋으면 헤드헌터의 손짓이 시작된다. 사람을 뽑는 회사 입장에서는 각 개인의 프로필을 직접 관리해야 하는 번거로움도 없고, 만일에 있을 '사람 빼가기 전쟁'에 휘말리지 않아서 좋다. 이들의 초대는 쉽게 거절할 수 없다. 월급 20~30퍼센트 인상안은 너희 또래의 나이에는 뿌리칠 수 없는 유혹이다. 거기다가 요즘 부쩍 신경질이 많아진 우리 과장을 떠올리면 이직은 모든 것을 해결해 줄 도깨비방망이 같아 보인다. 모든 떠나는 것은 아름답다. 왜냐면 고통은 남은 자의 것이기 때문이다.

이직에 관한 모든 상상은 틀린 것이다. 적어도 내가 겪지 않고서는 맞았다고 볼 수 없다. 내가 싫어서 도망쳤던 그 하나하나들이, 그것이 사람이든 현상이든 간에 내가 옮겨간 회사에도 똑같이 존재한다는 데 놀랄 것이다. 그 욕심쟁이 이 대리도 이름만 바꿔서 새 회사에 있다. 조직역할론에도 나온다. 10마리 쥐를 담은 통에서 나대는 쥐 2마리를 집어내면, 남은 쥐 중에 다른 2마리가 나댄단다. 일의 강도도 마찬가지다. 새 회사에서 너를 왕자님으로 모셔가지 않는 한 일은 그대로 남아 있고 스트레스 또한 그대로일 것이다. 다만 분명한 것은 새 회사에 적응하기는 힘이 꽤나 들 것이다.

그러면 이직은 언제 해야 하나? 웬만하면 안 하는 게 좋다. 특히 30대와 40대를 보낸 회사는 떠나지 않는 것이 좋다. 사람들은 너를 똑똑한 젊은이로 기억하기 때문이다. 그리고 50대에 그런 평판을 얻기는 어렵다. 붙어 있을 수 있으면 붙어 있는 게 좋다.

그래도 이직이 꼭 필요한 경우는 자신의 모든 것을 걸어도 아깝지 않을 책임과 권한을 부여받는 기회가 왔을 때다. 하나의 단위 조직에서 자신의 능력을 펼칠 수 있는 기회가 왔을 때다. 이때도 80퍼센트 룰은 지켜야 한다. 잘살아 보겠다고 힘 다 빼지 마라. 가진 힘의 80퍼센트만 써라.

두 번째로 이직이 필요한 경우는, 자신이 너무 재미있어 하는 분야에서 일할 기회가 왔을 때다. '재미'는 가장 중요한 성공 요소다. 재미있으면 오래하고, 오래하면 성공한다. 현재 회사의 일보다 새 회사의 일이 재미있다는 판단이 서면 떠나는 게 정답이다. 월급쟁이 생활, 무슨 부귀영화를 바라지 마라. 그저 내 마음

편하고 남만큼 먹고살면 되는 것이다. 그보다 더 똑똑했으면 진작에 사업을 했어야지….

이직은 **잘 계산된 군사작전이다**

어떤 친구는 해만 지면 회사를 옮기고 싶다고 투덜거린다. 정말 이렇게 밥벌이에 휘둘리다가 인생 끝내면 억울하겠다는 생각도 들다가, 처자식이 떠올라 이도 저도 실행에 옮기지 못하고 다시 주저앉는 짓을 계속한다. 이러한 케이스는 가장 나쁜 예다. 자신의 감상에 사로잡혀 일이 하기 싫고, 그 감정이 회사생활에 전이되어 괜히 회사를 옮기고 싶어 한다. 이런 경우는 회사를 옮기고 나서도 만족하지 못하고 다시 이직을 도모하는 경우가 허다하다. 이런 유형의 직장인은 뒤늦게 학위 공부를 하겠다며 대학원에 진학하는 경우도 많다. 학교란 회귀의 의미를 정당화해 주는 묘한 구석이 있기 때문이다.

앞의 예처럼 극단적인 사례가 아니더라도, 보통의 월급쟁이들은 사람에 따라 5년이나 10년 주기로 회사를 옮긴다. 이직의 이유는 대부분 인간관계 때문이다. 보스나 동료와 궁합이 맞지 않는 경우가 많다. 간혹 자신의 불투명한 미래도 중요한 이유 중의 하나다. 이런 사람도 이직에 성공하지 못한다. 어느 집단에서나 나와 맞지 않는 사람은 있게 마련이고, 이런 사람들을 극복하지 못하면 언젠가 똑같은 모양의 벽을 만나게 되어 다시 동일한 좌절을 겪는다.

이직은 잘 계산된 군사작전 같은 것이어야 한다. 먼저 자신의 경쟁력을 분석하고 그 우월적 요소가 옮긴 회사에서도 여전히 유지될 수 있는지를 깊이 따져보아야 한다. 그 회사의 손익계산서와 대차대조표를 분석하여 재정적 안정을 체크하는 것은 기본이다. 그리고 이직 후에 내가 얻는 것과 잃는 것이 무엇인지를 잘 살펴야 한다. 잊지 말아야 할 것은 이직 후에 적응하는 데는 상당한 에너지가 사용된다는 점이다.

이런 모든 것들이 파란불을 보이면 이직을 결심하되, 월급쟁이 평생에 한두 번이면 족하다. 정말로 내가 팔자 고칠 만하다고 보이면 단칼에 실행해라. 똑같은 '머슴살이', 옮겨 봐야 거기가 거기다. 꼭 옮기고 싶으면 나이 40 이전에 옮겨라. 인생 최고의 생산성은 40대 초반에 나오고, 40대 초반을 보낸 회사에서 정년을 맞는 것이 가장 자연스럽다.

24 교육받을 때도 **늘 평가받는다고 생각해라**

회사의 규모와 관계없이 교육은 회사생활의 중요한 과정이다. 급변하는 사업 환경이나 기술 수준의 변화를 전사적(全社的)으로 따라잡으려면 교육이 가장 효율적인 방법이다. 요즘은 여러 회사들이 경비 절감과 현장감 부여를 위하여 사내 강사를 많이 쓴다. 그래서 수강생 눈높이에서 보면 주위의 수강생이나 선생님까지 늘 보던 얼굴이다 보니 자연히 긴장이 풀리게 된다. 이른바 '긴장 사각지대'다. 자동차로 길을 달려도 속도가 날 만하면 과속 카메라가 등장한다. 비슷한 원리다. 이 긴장 사각지대에도 어김없이 카메라는 숨어 있다.

일정 기간 똑같은 내용을 반복하여 강의하는 사내 강사의 경우, 직원들의 상대적 비교에 의한 역량평가가 의외로 정확하다. 보통 강사들은 자기 나름의 평가기준을 가지고 강의 시간 내내 수강생을 평가한다. 이런 평가에서는 상위그룹 정도에는 들어야지, 반 평균에도 들지 못하면 나중에 문제가 생길 수 있다. 왜냐하면, 이 결과가 담당부서에 넘어가서 부서장의 파일에 곱게 보관될 것이기 때문이다. 잘하면 뭐 대단한 인센티브를 주는 것도 아니지만 못하면 꼭 불이익을 준비해 둔다. 이게 회사의 평가 원리이고 시스템이다.

그러면 이 장애물을 어떻게 넘어갈까? 우선 교육이 있는 날은 교육 전에 교재를 서너 번 읽어 본다. 그냥 읽지 말고 키워드와 질문 등을 따로 분류해 가며 읽고 정리해 둔다. 외국어 교재인 경우 선별적으로 암기하는 것도 좋은 방법이다. 교육 중에는 사내 강사와 가끔 눈을 맞추며 너의 존재감을 확인해라. 강의 중에 짬짬이 전날 준비한 심도 있는 질문을 던져서 네가 보통 사람이 아님을 알려라. 늘 마지막에 있는 질문 시간은 너의 스테이지다. 하지만 절제하고 또 절제하여 2~3가지의 명쾌한 질문만을 던져라. 네가 준비한 질문 다 하고 나서 동료들에게 찍히느니 그냥 엄선한 몇 개의 질문으로 하루를 보내는 것이 낫다.

언제나 네게 하는 말. "쓸데없이 적을 만들지 마라."

헤드헌터와의 대화는 **이직의 시작이지 끝이 아니다**

시계를 거꾸로 돌려 내 나이 서른으로 돌아간다면, 그리고 그때 헤드헌터의 전화를 받는다면 어떻게 반응했을까? 아마 전화에다 대고 야단을 치며 '업무방해죄로 고발 운운'했을 것이다. 그 당시 나는 일에 미쳐서 퇴근 시간도 잊어버릴 정도였고, 회사의 모든 시스템이 나를 위해 만들어지는 것 같았다. 황금기의 시작이었다. 이런 나에게 이직을 권유하는 헤드헌터는 과연 누구인가?

헤드헌터란 특정 경쟁력을 갖춘 인적 자원을 기업이 필요로 할 때 공급함으로써 인적 자원의 균형 있는 배분에 기여하며, 후보자의 입장에서는 비교적 균등한 기회를 가지고 자신의 경쟁력을 파는 여건을 마련해 준다. 불문곡직하고 헤드헌터의 초대를 받았다는 것은 그렇지 않은 경우보다 훨씬 유쾌한 일이다. 그건 시장에서 아직도 상품가치가 있거나 나의 경쟁력이 시장의 부름을 받고 있다는 뜻이다.

시장의 요구란 계수화할 수는 없으나 월급쟁이 인생에서 보면 큰 영향을 주는 요인이다. 회사에서 직급이 오를수록 자신의 위상을, 특히 시장에서의 위상을 잘 파악하는 것이 필요하다. 이것은 이직을 하고 안 하고와는 별개의 문제다. 현재의 위상과 시장에서의 위상 차이는 경쟁력으로 이어진다. 한마디로 경쟁력이 월급쟁이 인생을 좌우한다.

헤드헌터의 업무 중에 가장 중요한 것이 후보자의 경쟁력 파악이다. 그래서 잘만 활용하면 이런 소중한 자료를 손쉽게 얻고, 또 원한다면 자세한 설명도 들을 수 있다. 그러나 대부분의 헤드헌터들이 정해진 급료가 없이 성사된 후보자의 연봉 중 일부를 갖기 때문에 가능한 한 채용을 성사시키려 한다. 반면 후보자들은 비교적 더욱 신중하고자 한다. 이것이 헤드헌터와 후보자 간에 서로 양해하여야 할 점이다. 어쨌든 후보자 입장에서는 돈 한 푼 안 내고 고급 정보를 얻으니 신나는 일이 아닐 수 없다. 또 하나 유의할 점은 헤드헌터들은 나름대로의 커뮤니티를 형성하여 서로 정보를 공유하므로, 너무 튀는 대화 방식은 삼가야 할 일이다. 네 이름 앞에 해골 표시가 있다는 것은 별로 유쾌한 일은 아니다.

헤드헌터와의 대화 방식은 다른 것과 마찬가지로 분명한 것이 좋다. 이직을 원하는지, 원한다면 지금인지 아니면 몇 년 뒤인지,

아니면 정보만 얻어도 좋은지를 사전에 분명히 하여야 한다. 가져온 정보는 여러 각도로 분석되어 결국은 사내 경쟁력 강화나 이직 여부 결정에 쓰이게 되므로 잘 정리해 두는 것이 좋다.

헤드헌터와의 대화는 이직의 시작이지 끝이 아니다. 그들로부터의 정보에 더하여 상대 회사의 회계자료를 분석하여 단·중기 추정 손익계산서를 만들어서 내가 가고자 하는 회사의 재무건전성을 보는 것도 좋은 방법이고, 그냥 현장에 가서 닥치는 대로 자료를 사냥해 오는 것도 나쁘지 않은 방법이다. 이직을 결심하든, 자신의 경쟁력을 측정하는 자료로 쓰든, 시장에서 온 러브콜을 기쁜 마음으로 받아들이고 자신의 성장에 한 발판이 되도록 하는 것이 중요하다. 다만 서두르지 말고, 또한 죽을힘을 다하지 말고….

인생의 목표 설정, **너의 경쟁력부터 분석해라**

월급쟁이에게 인생의 목표란 정말 중요한 이슈다. 이것이 명확하지 않으면 쉽게 포기하거나 좌절하게 된다. 신입사원 초기에 이 목표에 대해 심사숙고해 두는 것이 먼 길 가는 데 도움이 된다. 다른 여러 가지 어려운 질문처럼 이 질문에도 간단한 하나의 답이 없다. 왜냐하면 신입사원이라는 모집단이 워낙 다양한 인물로 구성되어 있고 그 경쟁력 또한 사람의 수만큼 다양하기 때문이다.

방법론적으로 먼저 네가 어떤 월급쟁이가 되고 싶은지를 생각해야 그 답에 이를 것이다. 어떤 월급쟁이가 될 것인지는 너의 경쟁력을 기반으로 심사숙고 하여야 한다. 그리고 실천 방식이 구체적이어야 한다. 모든 신입사원의 꿈이 사장이 될 수는 없다. 그러나 단계적으로 준비된 꿈은 그 실현 가능성이 높다. 그리고 꿈은 주변 환경과 친화적이어야 한다. 예를 들어 회사의 비전과 나의 목표가 일치한다면 실현 가능성은 높아진다. 목표를 회사의 비전과 일치시키고, 구체적 실천 방안을 마련하는 것이 목표 설정의 첫걸음이라 하겠다.

아들아, 방의 불을 다 끄고 조용히 생각해 보아라. 네가 과연 어떤 경쟁력을 가지고 네가 속한 집단에서 살아갈 것인가를. 모든 사람이 굵고 짧게 살 필요는 없다. 경쟁력에 따라 가늘고 길게 사는 것이 현명한 인생철학인 경우도 많다. 문제는 목표 뒤를 따르는 행동 지침이 있는가 하는 것이다.

'가늘고 길게 사는' 부류는 무조건 조용히 사는 것이 논리적 행동양식이다. 1등보다는 2등이 목표고, 월급을 많이 올려 줘도 별 기쁜 내색이 없다. 인생의 목표도 '차장'으로 정년퇴직하는 거다. 설마 하지만 실제 이런 부류들이 있다. 인간이 영 쪼잔해 보이지만 논리적 인생 목표의 설정이라는 측면에서는 훌륭한 접근 방식이다. 물론 그 반대 경우도 있다. 여기저기 사내 행사는 물론이고 사외의 비공식 회합에도 빠짐없이 참석하여 윗사람들의 눈에 쏙 들려고 노력하는 부류야말로 한번 굵게 살아 보려는 인생관을 가진 사람들이다.

너의 경쟁력이 무엇인가를 알았다면 그것을 어떻게 계발할 것인지, 또는 그 계발의 끝이 어디인지를 알면 그곳이 너의 인생 목표가 닿는 곳이다. 모든 분야에서 잘하려는 것은 바보 같은 짓이다. 네가 이미 잘하는 분야에서 회사에 기여하는 것이 무엇인가를 알고 계발 계획을 세우는 것이 순서다. 그 다음에 행동 지침을 설정하라.

큰 목표와 실천 계획이 행동 지침과 함께 완성되었다면 세분화 작업이 필요하다. 목표든 실천 계획이든 5년 뒤, 10년 뒤에는 나를 어떤 사람으로 만들어 놓을 것인지를 가능한 연도별로 세분화하는 것이 필요하다. 이렇게 만들어진 너의 목표는 길을 잃고 헤맬 때, 또는 세상살이가 귀찮고 일하기 싫어질 때 너에게 적지 않은 도움을 줄 것이다.

이 부적 같은 인생 목표, 속는 셈 치고 한번 만들어 봐라.

슬럼프에 빠졌을 땐, **환경을 바꿔라**

회사에서 일하기 싫다면 대부분의 경우 일 자체보다는 회사가 싫다거나 혹은 동료가 싫은 경우가 많다. 일이 하기 싫다고 일 자체만 가지고 고민해 봐야 답을 찾기 어렵다. 먼저 사람과 소통하고 나서 일을 다시 쳐다보는 것이 맞는 순서다. 일이란 사람이 만들어 낸 것이고 결국 사람으로 거슬러 올라가야 인과관계를 찾아낼 수 있다. 물론 일 자체의 문제도 있다. 그러나 겉으로 보기에는 차이를 느낄 수 없다. 다만 내 경험으로 봐서 이 부류의 가장 심각한 질환은 주기성 게으름 정도 되나? 이 병의 가장 강력한 증상은 만사가 귀찮아서 게을러지고 도무지 의욕이란 게 없어진다는 것이다. 대리 때 한 번, 과장 때 한 번, 꼭 거쳐야 하는 이 게으름 병은 잘못 진찰하면 감기몸살로 오진된다.

병에는 예방이 최고다. 슬럼프에 빠지지 않기 위해서는 평소 때 하던 동아리 활동이나 사외 활동을 통하여 회원들과의 관계를 돈독히 하고 새로운 정보에 관심을 가져야 한다. 이는 너를 깨어 있게 만들어 게으름에 빠질 확률을 낮추어 준다.

갖은 용을 쓰더라도 게으름 병에 걸렸다면 동료들의 도움을 받아 빨리 빠져나오는 것이 급선무다. 회복 기간이 길어지면 당해 연도 실적에 영향을 주게 되어 일이 심각해지기 때문이다. 이 병은 환경의 변화를 주는 것이 치료에 효과적이다. 한 2주일 휴가 내고 해외여행이나 다녀오면 딱 좋지만 그럴 팔자가 못 되면 예부터 전해 오던 비방이라도 쓰는 수밖에 없다. 자, 시작해 보자.

사무실 근처에서 환경의 변화를 줄 수 있는 첫 번째 장소는 화장실이다. 만화책 한 권을 발목에 차고 한 30분은 쉴 수 있다. 사무실과 가까우니 비상사태에 쉽게 대응할 수 있다. 오전 오후로 한 시간 쉴 수 있다.

다음은 사우나다. 이 케이스는 현행범으로 발각될 확률이 높지만 몸에는 효과가 좋다. 단 주의할 점은 회사에서 버스로 두 정거장은 떨어진 곳으로 가야 한다. 목욕탕에서 보스를 만나면 이보다 민망한 일이 없다.

세 번째는 영화관이나 서점에 가서 자신이 현재 처한 문제를 다룬 책이나 영화를 그냥 넘기듯이 보아라. 너무 자세히 보면 너 자신의 생각이 없어지기 때문이다.

네 번째 단계는 친구나 멘토를 찾아가서 네가 처한 상황을 얘기하고 그들의 조언을 듣는 것이다. 그들이 경쟁력 측면에서 너보다 뒤떨어진다 하여도 종종 네가 보지 못하는 것을 보는 경우가 있다. 그 점을 친구나 멘토에게서 배운다. 내가 똑같은 질문을 나의 멘토에게 한 적이 있다.

"일이 하기 싫으면 어떻게 합니까?"

그는 대답했다. "첫째, 일해라. 둘째, 아니면 죽어라." 살아서 일하지 않는 자 없다는 그의 철학을 짤막히 표현한 충고다. 그는 나의 선친이시다.

아들아, 일하기 싫은 증상은 누구에게나 찾아온다. 다만 빈도가 문제다. 이게 매일 오거나 1주일에 한 번 오면 큰일이다. 그때는 슬럼프가 아니라 막다른 길이다. 막다른 길에서는 전혀 새로운 해법을 찾아야 한다. 이런 단계에서는 이직도 고려해 봐야 한다. 아무튼 슬럼프를 막다른 길에 밀어 넣지 말자. 평소 때도 사람들과의 친교를 통하여 새로운 세상을 가슴에 담아 두자. 가끔은 산꼭대기에 올라 하늘을 머리에 이고 좀 높이 서보자. 비록 책상머리에서는 말단이지만, 이렇게 산 위에 서면 또 다른 내가 보인다. 그리고 다짐해 보라. 여기에 모든 것을 걸지 않겠노라고. 모든 걸 거는 것은 사람을 초조하게 만드니까. 80퍼센트만 걸자.

힘이 든다는 것은 **오르고 있다는 증거다**

싱가포르. 이곳에서 우리는 무엇 하나 거저 얻은 것이 없었다. 2007년 1월 3일 밤 11시에 도착한 서비스 아파트에서 우리를 맞이한 것은 '세븐일레븐'뿐이었다. 마른 빵과 음료수를 사 들고 나서며 우린 서로 바라보고 웃었지만, 막연히 이 동네에서 살기가 녹록하지 않을 것임을 짐작했다. 그래도 고마운 것은 너희가 기쁜 마음으로 적응하려고 노력했다는 것이다. 생각나? 너희들이 테니스라켓을 사와서 아빠랑 처음 테니스를 시작했던 일. 그때는 장남이 우리 모두의 코치였는데, 이제는 막내와 그 자리를 다투게 되었으니, 그동안의 세월을 여기서도 읽게 되는구나.

이사를 와서 엄마도 참 힘들었다. 자질구레한 정보들을 주는 사람이 없었다. 전기료나 전화료를 어떻게 내는지 몰라서 쩔쩔 맬 정도였다. 엄마는 하나씩 얻어 온 정보를 자랑하며 즐거워했다. 차를 운전하면서부터 택시를 타면 약도를 그려 두었다가 다음에 찾아갈 때 요긴하게 이용하는 지혜를 보여 주었다, 엄마는 훌륭한 아들 둘을 아빠에게 선물했을 뿐 아니라, 싱가포르에서는 우리 가족, 특히 아빠에게 매일매일을 살아가는 힘과 지혜를 주었다. 언제나 가족을 먼저 생각했다. 한국사람 하나 없는 사무실에서 외로움과 싸워 이길 힘과 용기를 매일 보내 주는 동반자였으며, 너희들에게는 헌신적인 지원자였다.

너희들의 학교생활도 너희만의 전쟁이었음을 안다. 모든 게 다 바뀌었을 환경에서 살아남는 것은 너희에게는 힘들었을 것이다. 엄마 아빠는 자주 너희들의 힘든 모습을 지켜보며 죄책감을 느꼈다. 다른 사람들은 다 좋다고 하는 싱가포르에서 우리 가족은 꼬리를 무는 걱정으로 마음 편할 날이 없었지 싶다.

아빠가 가장 힘들었던 때는 싱가포르에서라기보다는, 오히려 작년 11월 엄마와 너희들을 두고 혼자 한국에 올 때였다. 꼭 무슨 일이 생길 것 같아서 전화벨 소리에도 깜짝 놀라고, 해 질 때가 되면 괜히 멍하니 밖을 쳐다보고는 했다. 서울에서도 싱가포르 전화기는 꼭 켜두고 있었다. 혼자서 사는 일은 결국 자신과의 싸움이다. 너희들도 이제 학교 가서 느끼겠지만, 가족의 사랑이 없이는 버티기 어려운 일이다. 우리가 서로 사랑하는 것이 살면서 얼마나 힘이 되는지 모른다.

우리 전투의 절정은 단연 지난 여름과 겨울이 아니었나 싶다.

엄마와 너희들이 2달간 보낸 오피스텔, 그리고 계속되는 시험, 앞날의 막연한 불확실성. 어느 것 하나도 확실한 것 없이 우리는 그냥 나아갔다.

하지만 우리의 보물은 그 긴 여정의 끝에 숨겨져 있었다. 힘이 드는 것은 오르고 있다는 증거란다. 2년 반 동안 힘이 들었던 것은 그 기간 내내 우리가 오르고 있었다는 뜻이다. 너희들의 합격으로 엄마 아빠는 모든 것을 보상받았다고 생각한다. 그건 거꾸로 싱가포르 생활에서 엄마 아빠를 가장 걱정스럽게 한 것이 너희들 진학 문제였다고 할 수도 있을 게다. 아빠가 결정한 싱가포르에서의 시간 때문에 너희가 잘못되어서는 안 된다는 것이 나의 생각이었다.

너도 몇 년이 지나 해외 파견을 떠날 기회가 오면, 먼저 너의 경력 관리보다도 자식들의 학업 문제나 식구들의 해외문화 적응능력을 우선 고려하는 것이 맞다는 생각이 든다. 단순히 해외 파견이 자녀들의 해외 경험을 넓힐 것이라는 추측으로 결정을 내린다면 주재하는 기간 내내 어려움을 겪을 수도 있다. 군데군데 숨어 있던 힘든 의사결정은 거의 모두가 너희들의 진학 문제와 관련된 것이었다. 이질적 문화에 대한 적응능력과 진학 문제 등을 복합적으로 연관시켜 의사결정에 반영해야 한다.

의사결정에 영향을 미치는 또 하나의 요소는 아내다. 해외 파견을 결혼생활에 비유한다면, 해외 여행은 연애에 해당될 법하다. 물론 해외 여행을 자주 하는 사람이 문화 적응능력이 비교적 뛰어날 수는 있겠지만 상관관계는 별로 없어 보인다. 해외 파견은 생활이다. 연애 시절의 달콤한 몇 가다 기억으로 의사결정을 내린다면 반드시 후회할 일이 생긴다. 가족을 먼저 생각하고 아니면 "아니다"고 이야기할 굳은 용기로 보스 앞에 서기를 바란다. 이런 과정을 거쳐 태어난 의사결정이라야 노력을 불러올 수 있다. 해외생활, 무대포로 달려든다고 되는 일이 아니다.

29

회사를 **떠나는 날**

비가 추적거리는 날씨였다. 귀지가 덜거덕거려 근처 병원에서 간단한 치료를 받고 다시 사무실로 돌아왔다. 내 방에서 주섬주섬 짐을 싼다. 어제의 송별회 때문인지 분위기는 아주 가라앉았다. 정리한 짐은 라면박스로 반도 안 된다. 직장생활 30년, 부대끼고 흔들리며 살아온 기간에 비하면 이만한 박스가 수십 개라야 맞을 텐데 턱없이 적은 부피에 허망함이 엄습한다.

내가 죽고 뼈만 남으면 이만할까? 자망스런 생각이 든다. 모든 게 마지막이다. 이 복도를 도는 내 모습도, 인사를 나누는 내 뒷모습도, 캔틴에서 마시는 물도. 그럭저럭 윗분들과 동료들에게 인사드리고 나니 벌써 오후 10시 반이다. 참으로 마음이 평안

하다. 주차장까지 오겠다는 동료들을 뒤로하고 혼자서 엘리베이터를 타고 지하 2층의 내 주차 자리를 찾는다. 그런데 키가 없다. 그렇지. 이제 나는 이 회사 사람이 아님을 처음으로 절실히 느낀다. 다시 현관으로 올라와 택시를 탄다. 아련한 현기증에 오히려 나른해서 기분 좋다. 이렇게 그만두면 그만인 것을 무슨 욕심에 이리저리 뛰었던가. 수십 년의 행보들이 마치 한 가락 장타령 같다. 집에 다 와 택시 안에서 후배의 문자를 받는다. 30년 동안 수고 많으셨다고….

집에 오니 마누라가 반갑게 가방을 받아 주며 그동안 수고했다고 말한다. 목에 눈물이 가득 든 소리다. 밖에는 어둑어둑해도 비는 그쳤다. 회사를 그만두면 꼭 하고 싶은 일이 10여 가지 있었다. 그중에 하나가 평일 대낮에 양재천을 걷는 것이었다.

소원성취를 위해 나선 길은 그리 상쾌하지만은 않았다. 낮이라 그런지 사람들의 발길도 뜸했다. 고즈넉하면서도 어딘가 좀 모자라는 풍광이 꼭 내 마음 같다는 생각이 든다. 이런저런 생각에 훌쩍 4킬로미터를 걸어 이미 양재천을 지나 있었다. 아무리 내가 택한 길이라고 스스로에게 얘기해도 뭔가 한구석이 빈 것을 속일 수 없다. 수십 년 동안 밝을 때는 밖에 나와 본 적이 없다. 새벽에 나왔다가 한밤중에 돌아가니 세상과 접할 시간이 없었다. 밝음이 서먹하다. 사람들이 자꾸 나만 쳐다보는 것 같다. 그래도 비 온 뒤의 우중충함이 숨기에 좋아 오히려 고맙다. 돌아보면 그들은 무심히 걷는다. 사람들은 스스로 분주한데 내가 그냥 마음 쓰는 모양이다. 집에 돌아가 늦게 왔다는 마누라의 잔소리를 들으며 맥주 한 캔을 비웠다. 이젠 진짜로 이 사람과 평생을 살아야 한다니 불현듯 마누라가 측은하게 보인다.

아침에 눈을 뜨니 달력이 보인다. 12월 1일, 월간보고서 마감날이다. 벌떡 일어나 앉다가 도로 눕는다.

이런 이야기가 있다. 팔 절단 수술을 받은 사람이 가장 괴로운 것은 없어진 팔이 가려울 때란다. 이처럼 나를 괴롭히는 것은 나의 해묵은 습관이다. 이제 나는 이런 세속의 것들과 무관하다. 그냥 하고 싶은 대로 살다가 죽으면 된다. 월간보고서는 또 누군가가 부대끼며 작성해서는 별 볼 일 없는 내용들을 나열해 놓을 것이다. 한 가지 섭섭한 것은 저리도 정교하게 움직이는 세상이 나 없이도 아무 탈 없이 굴러간다는 점이다. 참으로 이해하기 어려운 일이다. 나는 다시 잠을 청한다. 아직은 내가 깨어 세상에 기여할 그 무엇이 없으므로.

아들을 위한 기도

먼저 미국 유학을 마치고 이젠 공부는 죽기보다 하기 싫다며 취직 결심을 한 아들의 결단이 취직 이후에도 지속되도록 하여 주십시오. 그의 취업이 학업으로부터의 도피가 아니라 스스로 자립하려는 숭고한 몸짓이기를 간절히 원합니다. 경험해 보지 못한 직장생활이 막연히 좋은 것이 아니라 경쟁력이 판단의 기초가 되었기를 바랍니다. 쉽지 않은 회사생활 속에서도 오늘의 결단을 기억하게 해주시길 바랍니다. 그리하여 그도 나이가 들어 오늘을 되돌아보았을 때 후회하지 않도록 하여 주십시오. 그가 본 세상은 참으로 안경 너머 빠끔히 보이는 한 조각 풍광뿐이었습니다. 그림을 볼 때와 그림 속에 있을 때가 당연히 다름을 그가 인정하도록 하시어 회사생활에서 만나는 인간적인 갈등들을 당연한 것으로 여기는 의연함을 주십시오.

일을 하면서 모든 것은 경쟁입니다. 그러나 그 무한질주의 흐름에 빠져 앞만 보지 말고 가끔은 숨이 차 헐떡이는 옆의 친구도 도우면서 나아가는 지혜 있는 여유를 허락하여 주십시오. 세상의 찬바람 앞에서도 자신의 에너지 20퍼센트쯤은 절망한 친구나 딴생각에 할애하는 것이 머나먼 인생길을 심심찮게 하는 방법임을 깨닫게 하여 주십시오.

모든 일은 상대방과의 협조로 이루어집니다. 내 의견을 말하기 전에 먼저 듣는 인내력을 키워 주시고 마침내는 많은 사람이 멘토로 모시고 싶어 하는 사람이 되도록 하여 주시옵소서. 아랫사람을 부릴 때는 솔선수범하고, 윗사람을 대할 때는 항상 존경하는 마음을 그 바닥에 두기를 허락하여 주십시오.

회사 일이 원만하게 풀릴 때보다도 어렵고 힘들 때 그의 곁을 지키시어 그가 당신의 존재를 인정하게 해주십시오. 책상에 엎드려 울고 싶은 때나 화장실에서 눈물을 닦고 싶은 때에도 5분만 참도록 허락하시어 내 아들이 적어도 회사는 벗어나서 통곡하도록 해주십시오. 사는 게 어렵고 삭막해도 우리를 바라보는 사랑의 눈동자들이 우리가 알지 못하는 곳에서 우리를 비추고 있음을 잊지 않도록 하여 주십시오.

그가 당신의 존재를 믿든 믿지 않든, 그가 당신을 생각할 때 작은 편안함이라도 느낄 수 있도록 허락하여 주시고, 모두가 절망할 때 한 줄기 미소로 자신을 지탱하는 의연함을 보이도록 해

주십시오. 그리하여 아들의 나이가 애비만 해졌을 때, 주위에 남은 친구도 없고 다만 몇 년 뒤의 퇴직을 앞에 둔 날, 어느 나른한 일요일 오후에 무심코 빼어 든 책 속에서 본인의 이야기가 나와 무릎을 치며 즐거워하도록 해주십시오. 무엇 하나 느긋이 기댈 곳 없는 세상에서 이 책이라도 힘 빠진 아들에게 나침반이 되도록 도와주십시오. 끝으로 패자를 긍휼히 여길 줄 아는 승자이기를 늘 기도하게 해주십시오.

회사 안팎 꿰뚫어보기 Ⅱ

회사는 **영업, 생산, 재무,** 3개의 바퀴로 돌아간다

기업은 자본과 인재의 결합이다. 이 두 가지를 빼고는 기업에 대해 이야기할 수 없다. 다만 편의상 너의 이해를 돕기 위해 부서 중심의 이야기를 전달하는 것이 낫겠다. 왜냐하면 그것이 네가 하루하루 만나는 회사의 실체이고 북적거리며 살아가는 생활의 모습이니까.

조직 관리의 첫 번째 원칙은 빵을 준 부서에 버터를 주지 않는다는 것이다. 이것은 조직 내의 강한 견제를 그 목적으로 한다. 예를 들어 영업부에서 판매를 하였더라도 돈 계산은 경리부에서, 자금 관리는 자금부에서 하게 된다. 조직 내의 견제는 바로 경쟁을 의미한다. 회사는 그 경쟁을 통하여 각 부서 간의 운영

실태를 직·간접적으로 파악할 수 있게 된다. 버터를 가진 쪽의 협조 없이는 빵의 가치가 떨어지게 되어 있다.

어쨌든 편의상 영업에서 이야기를 시작해 보자. 영업부서에서 물건을 판매하면 그 자료는 경리부로 가게 된다. 경리부는 판매 자료를 법적 요건에 맞도록 정리하고, 입금된 돈은 자금부로 가게 된다. 규모가 작은 회사에서는 경리부와 자금부의 기능을 한 부서에 두는 경우가 많은데, 이것이 종종 문제의 원인이 된다.

또 하나의 사이클인 개발은 연구소에서 하는 경우도 있고 마케팅부서에서 주관하는 경우도 있다. 어쨌든 신제품 개발에 관련된 것이다. 회사마다 조금씩 다르지만 영업부서와 마케팅부서가 시장의 요구사항과 예상 판매량 등을 고려하여 제품 개발 계획을 완성시키면 그림은 크게 두 가지로 나눌 수 있다. 투자가 필요한 경우와 필요 없는 경우다. 투자가 필요한 경우는 각종 기법을 통하여 경제성을 검증하고, 대부분의 경우 경영층으로부터 투자 승인을 받아야 한다.

여기서 각 부서의 꼼수가 등장한다. 대부분의 자료가 약 5년 후부터 시장이 급격히 성장한다는 그림을 보여 준다. 5년 뒤면 지금 자료를 만든 사람은 회사에 아무도 없을 것이기 때문이다. 또 자료에서 보이는 재미있는 논리는 경쟁자는 멍청하다는 것이다. 그렇지 않은 것이 현실이지만 이런 논리의 전개는 알면서도 넘어가니 참 재미있다. 어쨌든 완성된 자료는 생산부로 전달되어 다음 단계를 기다린다. 만약 샘플이 있으면 연구소가 관여하여 예상 신제품의 성능을 미리 알아본다. 여기서도 공장 설비 자금의 충당은 경리부와 자금부의 도움을 받아야 하니 얽히고설킨 조직이다.

다음으로 생산에 관련된 경로를 살펴보자. 생산은 철저하게 영업의 판매 계획을 따라야 하므로 두 부서 간에는 정기적인 소통이 필요하다. 영업의 장단기 계획은 생산 계획과 맞아떨어져야 한다.

이렇듯 회사 내의 부서는 크게 3개의 축으로 되어 있다. 영업, 생산, 재무, 이 세 개의 축은 뫼비우스의 띠처럼 아무리 가도 끝이 없는 여행을 즐기며 산다. 때로는 서로에게 의도적인 견제를 보내다가도 종종 감동적인 격려의 손짓을 주기도 한다. 이 자리에서 우리 모두는 대부분 우리의 의지와 관계없이 맡은 역할을 수행한다. 시스템적으로 견제되는 것이라고 생각하고 굳이 감정을 싣지 마라. 다른 부서의 그도 너처럼 주어진 길을 가는 이 땅의 아버지, 어머니임을 잊지 마라.

경영 계획이란 **'나의 서약'을 '우리의 서약'으로** 만드는 작업이다

각종 경제지표는 시시각각 변한다. 그래서 예측이란 무의미할지도 모른다. 하지만 역설적으로 이런 환경 아래서 예측의 필요성은 더욱 커진다. 이익이 났다면 어디서 났고 손해가 났다면 어떤 요인으로 났는지를 면밀히 분석하여 현재의 개선책이나 미래의 수정 계획에 반영하여야 한다. 뭐가 뭔지 모르고서는 수정이고 개선이고 불가능하기 때문이다.

경영 계획이란 가정된 경제지표하에서 회사 운영 계획을 1년 혹은 2~3년 단위로 수행해 보는 작업을 말한다. 우선 각 부서별로 수입과 지출에 관련된 모든 데이터를 총괄 부서로 보내는데, 여기에 내년도 예측은 어떻게 되는지가 논리와 함께 제시되어야 한다. 우리 모두가 몸은 여기에 있지만 마음은 내년으로 간다. 여기서 잘난 척하는 부서장을 만나면 데이터가 춤을 추게 된다. 경영 계획은 가정에 다시 가정을 더하는 작업이기 때문에 어떤 기준점을 잡기 어렵다. 흔히들 경제 성장률을 지표로 하는 경우가 많은데, 이것도 맞는 경우를 본 적이 드물다. 이렇게 애매모호한 작업에 용감한 보스의 훈수가 들어오면 논리적으로 막아내기는 어렵다.

그러나 상기하라. 그 모든 데이터의 책임은 너의 것임을. 이렇게 각 부서는 혼신의 협력으로 한 마리의 공룡을 만들어 낸다. 그리고 그 공룡의 제작 과정은 실무자들의 책임이다. 모든 사람이 내년 한 해 동안 이 인공 공룡을 길들이려고 온갖 힘을 쓴다. 그리고 내가 경험한 30년 동안 우리의 대단하신 보스들은 한결같이 "내년이 고비"라고만 말할 뿐이다.

경영 계획은 '나의 서약'을 뭉쳐 '우리의 서약'으로 만들어 '회사'라는 제단에 올리는 숭고한 작업이다. 이 의식(儀式)을 통하여 너는 너의 꿈을 홀로 두지 않고 우리들 것으로 옮겨다 놓는다. 큰 그림, 하나가 된 그림 앞에서 우리 모두는 숙연해진다. 모두가 그 그림을 완성하자는 결의 앞에 결코 한 점의 의심이 없다. 그러나 잠을 깨라. 이런 의식은 매년 있는 것이고, 네가 목숨 바쳐 일한다면 너는 퇴직 때까지 30개쯤의 목숨이 필요할 거다. 즐길 수 있을 때 즐겨라. 즐기며 할 수 있는 일을 찾아 해라. 그 나머지에 대해서는 너무 용쓰지 마라. 굳이 숫자로 나타낸다면 80퍼센트만 쓰라. 이것이 너의 경영 계획이다.

지식이 소총이라면, **인맥은 수류탄이다**

어떤 조직이든 인맥을 만들라고 하지 않는다. 하지만 어떤 조직이든 인맥이 있다. 더욱이 인맥의 형성을 규정으로 금지해 놓았다면 이미 인맥의 문제점이 심각하다는 반증이다.

'뭉치면 산다'고 믿는 것이 사람의 상식이다. 조직에서는 흩어지면 죽지는 않지만, 적어도 살아가는 데 힘이 드는 것이 사실이다. 인맥은 처음에는 주로 윗사람이 멘토의 형식으로 자리매김을 하다 점차 세월이 흘러가며 서로에게 도움을 주고받는 관계로 발전하게 된다. 각 개인으로 본다면 인맥은 한 칼의 양날이다. 내가 하면 로맨스, 남이 하면 스캔들쯤 된다.

그러면 답은 한 가지다. 안 들키고 운영한다면 반드시 내 인생에 도움을 준다. 내가 그 속에서 받은 것들을 떠벌이지 마라. 입을 열어 당신의 혜택을 떠드는 순간 모든 무지개는 사라져 버린다. 너의 입은 경찰을 부르고, 경찰은 조직을 못살게 굴 것이다. 그냥 즐겨라, 비공식 집단의 특권을….

신입사원들이 교육을 마치고 각 부서에 배치되고 나면 해당 부서와 관련 부서 임직원들에게 인사를 하게 된다. 이런 경우 대부분이 출신 학교를 묻는다. 단언하건대 학교를 묻지 않는 사람은 딱 세 부류다. 첫째, 매사 의욕이 없는 사람, 둘째, 회사를 떠날 준비를 하는 사람, 셋째, 이미 알고 있는 사람. 그만큼 대학 동문은 인맥의 대표적 실체이며 실제 업무에서 살갑게 도움을 주는 관계이다. 아무리 기다려도 소식 없는 출장비가 '형님, 아우님' 전화 한 통이면 쉽사리 해결된다. 대학 동문 외에 동호회나 고등학교 동문회 등도 활성화되면 살아가는 데 신나는 한 방을 가져다 줄 수 있다.

대학에서 배운 전공 지식이 전쟁터에서 소총이라면, 인맥은 수류탄 같은 역할을 한다. 자주 터지지는 않지만 한번 터지면 지축을 울리고, 또 평소 때는 가지고 있다는 소문만으로도 상대방에게 위협이 되는 그 무엇, 그게 바로 인맥이라는 거다.

아들아! 저축을 하는 마음으로 사람을 만나라. 그리고 그들을 너의 방식으로 분류하여 인맥 창고에 소중히 담았다가 정기적으로 꺼내어 씻고 닦아라. 너의 힘이 빠지고 해는 서산에 질 때에 마지막까지 네 곁을 지키는 사람이 그들이어야 한다. 돈과 명예를 떠나, 그저 서로가 가진 조그마한 공통점 하나로 평생을 기대어 살아온 너의 숨겨 놓은 인맥이 너의 재산이어야 한다. 하지만 다시 당부하건대 꼭 입은 다물어라.

회의를 **너의 잔치로 만들어라!**

회의는 한마디로 말하자면 사내 대화의 한 방법이다. 요즘처럼 급변하는 사업 환경 아래에서 동일한 그룹 내의 종사자들이 같은 정보를 공유한다는 것은 매우 경쟁력 있는 출발점에 섰다는 뜻이 된다. 칭기즈 칸도 그랬단다. “한 사람이 꿈을 꾸면 그것은 단지 꿈에 불과하지만, 우리 모두가 동시에 꿈을 꾸면 그 꿈은 반드시 이루어진다.” 그는 정보의 공유가 한 종족의 미래를 결정할 수도 있음을 강조한 것이다. 주머니 속의 정보는 아무 소용이 없다. 한시라도 빨리 퍼지게 해야 한다. 나에게는 쓸데없는 한 조각 정보라도 동료에게는 상황을 종료시킬 수 있는 마지막 한 방이 될 수 있는 것이다.

사내 대화의 방법은 아주 다양하므로 시설이 부족하여 실행하지 못했다는 변명은 입에 올리지 않는 편이 낫다. 이메일, 전화, 무전기, 정기보고서, 부서 내 아침회의, 전체회의 등, 금방 떠오르는 것만도 6가지가 넘는다. 이 중에 얼굴을 보면서 진행하는 것은 회의가 유일하다. 나머지 수단들은 회의 그 자체에 초점을 맞추어, 얼굴을 맞댄 회의보다는 인간적인 교감이 적은 편이다.

윗사람의 입장에서는 부수적으로 회의를 통하여 너의 숨은 재능이나 능력을 찾으려고 할 것이다. 그것도 짧은 순간에. 사람이 사람을 처음 만나 평가하는 데 7초 걸린단다. 이때 가장 중요한 요소는 복장이다. 좀 의외지만, 옷을 잘 입는 것이 첫 번째로 해야 할 회의 준비다.

둘째로, 사람들은 너의 업무 능력과 분석 능력 등을 몇 장의 슬라이드로 평가하려 들 것이다. 네가 준비하고 연습한다면 절호의 기회가 되지만, 그렇지 않을 경우에는 곡소리 나는 일이 생긴다. 연습하고 또 연습해서 자료를 완전히 숙지해야 한다. 영어 자료인 경우 처음 한 장은 암기하는 것이 좋다.

셋째로, 다른 회의와 마찬가지로 이 회의를 통하여 면죄부를 받으려는 불순 세력이 있음을 알고 자료 제작 단계에서부터 고려해야 한다. 그건 거꾸로 이야기하면 너도 회의를 너의 면죄부로 사용할 수 있다는 이야기다. 예를 들어 "지난 번 회의 때 다 보고 드렸지 않습니까?"라는 방패다. 하지만 신입사원으로서 전술적으로 너무 자주 이런 방법을 쓰는 것은 조심할 일이다.

회의는 사내 정보 교환의 공식적 경로지만 흔히 직원들의 능력이나 잠재력을 평가하는 수단으로 사용된다. 열심히 준비하여 나의 잔치로 만들어야 할 일이다. 오직 준비만이 나의 강력한 메시지를 청중들에게 제대로 전달하는 비법이 될 것이다. 그들이 무슨 갈고리를 너에게 들이대더라도 너는 안전할 것이다. 이런 준비 속에 칼 같은 질문 몇 가지를 양념으로 남겨둔다면 너의 발표는 완벽에 가까울 것이다.

35

회의실은 **면죄부의 공장이다**

'예의를 다하여 자신의 생각을 이야기한다. 그리고 의견 그 자체의 의미보다는 보스의 반응에 더 민감하게 움직인다.' 이게 오늘을 사는 월급쟁이의 회의에 대한 기본자세다.

오늘 이야기할 주제의 리스트도 없고, 각 부서들의 입장을 밝힌 소견서도 없다. 어제 퇴근 시간 무렵에 참석을 종용 당해서 얼떨결에 오게 되었다. 당연히 준비가 안 되어 있어서 쫄아 있는데 한발 더 나아가 혹시라도 뭔가 시킬까봐, 보스의 손가락이 나를 가리킬까봐 전전긍긍한다. 보스는 모든 것을 알고 있는 것 같다. 한 명 한 명 차례대로 보스의 질문에 신나게 깨진다. 회의실은 드디어 보스의 사냥터로 바뀐다. 보스는 신나게 달리고 사원들은 비명을 지른다. 회의가 끝나도 내가 해야 할 일들이 명확하지 않고 그저 나의 무능에 스스로 한심할 뿐이다. 그는 역시 전지전능하고 우리는 아직 멀었다.

효과적인 회의를 위해서는 몇 가지 사항이 반드시 필요하다. 먼저 안건의 도출이다. 현재 이슈가 무엇이며 이 이슈가 사라지면 어떤 개선효과가 나타날지를 분명히 하고, 가능하면 계수화한다. 그리고 이 과정에 관련된 부서는 가능한 한 참석하도록 미리 약속을 한다. 결석자가 없도록 회의 전날은 다시 연락을 취한다.

두 번째는 회의 진행 방식이다. 회의는 철저히 통보된 안건에 따라 진행되어야 한다. 중간에 말이 다른 데로 새다 보면 회의가 사랑방 좌담회로 변할 우려가 많다.

세 번째는 회의의 분위기다. 회의실에는 계급이 없다. 사장 말이라고 다 옳고, 말단이라고 멍하다고 생각하면 자신의 의견을 말할 사람이 없다. 제국주의적 요소가 그득한 회사에서 회의실만은 마지막 '민주'로 남아야 한다. 계급을 뛰어넘어. 자신의 뜻을 관철시키기 위하여 때로는 고성이 오가기도 한다. 이러한 회의실에서의 논박에는 면책 특권이 주어져야 한다.

네 번째는 기록이다. 회의 중 토론되었던 것은 빼놓지 않고 기록해 두었다가 회의 말미에 참석자 모두의 동의를 얻어 회의록을 확정한다.

다섯 번째로, 회의를 통하여 모든 이슈가 실행 계획으로 바뀌었을 때의 예상결과를 도출할 수 있어야 한다. 그래서 누가 무엇을 언제까지 할 것인지를 정하고 각 단계의 책임자에 대해 참석자 모두가 증인이 되어야 한다.

이외에도 자유로운 토론을 위하여 여러 가지 시스템이 도입될 수 있겠으나 위의 다섯 가지만으로도 바른 회의의 시작은 할 수 있다.

회의는 윗사람의 견해를 아래로 내려보내는 일본식 조회와 다르며, 하나의 주제에 대해 한 사람의 의견을 듣는 강연회와도 다르다. 회의는 회사 내에서 주어진 복합적 문제들을 단시간 내에 해결하기 위하여 관련 부서의 일부 자원을 일시적으로 재배치하도록 합의하는 과정이다. 현상적으로 이런 변화는 업무 부담이나 연장근무로 이어질 수도 있으나 구성원들의 합의로 극복할 수 있다. 이것이 회의의 미덕이다.

이 과정 중에 어쩔 수 없이 생기는 불협화음이나 의견 대립은 조직의 힘으로 해결할 것이 아니라 자체적인 정화 기능으로 바로잡아야 한다. 그게 자율이고 민주다. 평등을 기저에 놓고 현안을 허심탄회하게 이야기할 수 있는 면죄부의 공장이 회의실이다. 모두가 아니라고 할 때 일어서서 자신의 논리를 보이며 맞다고 이야기할 수 있는 사원이 늘어날 때, 회의는 열정적이고 생산적으로 바뀐다. 그러나 아들아, 너는 맞다는 소수보다 아니라고 말하는 다수 무리들 속에 있기를 바라는 내 마음은 아비의 비겁한 생각인가, 아니면 설익은 한국회사의 회의 문화에 대한 우려인가?

준비되지 않은 회의는 **낮잠 자는 장소에 불과하다**

회의의 목적은 소통이며 그 수단은 기획 능력이다. 잘 기획된 회의는 소통을 배가시키지만 그렇지 못할 경우 회의는 참석자들의 힘자랑이나 낮잠 장소 물색에 좋은 기회를 가져다 줄 뿐이다. 그래서 회의는 준비 과정에서 철저히 검토되어 관계 당사자들이 시간 낭비 없이 의견 교환이나 합의에 이를 수 있도록 짜여야 한다. 이것은 준비하는 사람의 책임이다.

회의를 준비하는 데는 몇 가지 주요 항목이 있다. 첫째는 의제의 설정이다. 한마디로 무엇을 이야기할 것인지를 정하고 토론이 이 범위를 넘지 않도록 해야 한다.

둘째는 회의의 목적이다. 회의가 끝난 후 무엇을 얻을 것인지를 사전에 규정짓는 것이 좋다. 그래야 쓸데없는 논쟁을 막을 수 있다.

셋째는 참석자 결정이다. 의제와 회의 목적으로 볼 때 이해 당사자가 누구인지를 파악하여 사전에 초대를 하는 것이 필요하다. 이때 준비가 필요하면 함께 알려 줘야 한다. 의제와 목적은 꼭 알려 주는 것이 좋다.

마지막은 회의 시간의 결정이다. 각각이 이해 당사자인 참석자들을 한날한시에 불러 모으는 것은 정말 힘겨운 노력을 요구한다. 그러나 한 사람, 한 사람을 존경하는 마음으로 회의 준비에 임해야 할 것이다.

회의 준비만큼이나 중요한 것은 회의 도중에 나온 '해야 할 일'에 대해서 누가 언제까지 할 것인가를 결정하고 그 실행 여부를 살피는 것이다. 이것은 통제에 해당되는 부분이다. 그래서 회의 의장은 회사 전체의 시스템을 어느 정도 전반적으로 이해하고 회사의 주요 부서에 압력을 넣을 수 있는 역량을 가진 사람이어야 한다.

끝으로 회의가 막을 내리기 전에 회의의 목적이 달성되었는지를 다시 한 번 살펴보아야 한다.

발표,
처음 5분에 기선을 제압하라!

우선 판에 박힌 소리는 빼고, 신입사원들이 저지르기 쉬운 오류부터 살펴보자. 발표 내용을 보면 자기도 모르는 것들이 많다. 네가 모르는 것은 말하지 말든지, 말을 하려면 내용을 완전히 파악하든지 해야 할 것이다. 또한 영어를 쓰려면 영어를 쓰고, 우리말을 쓰려면 우리말로 해야 한다. 어중간하게 둘을 섞어 쓰면 감점 요인이다.

또 중요한 것은 옷차림이다. 무슨 옷을 어떻게 입는가에 따라 그 사람의 인상이 달라지며, 이러한 첫인상은 발표의 질을 좌우하게 된다. 중요한 발표라면 가장 좋은 옷을 입어라.

이러한 몇 가지 오류를 염두에 두고 자료를 만들기 시작하자.

자료는 위문편지 쓰듯이 이 말 했다 저 말 했다 할 것이 아니라 논리적으로 전체의 그림을 하나로 끌고 가야 한다. 그래서 자료를 만들 때는 첫 장과 마지막 장을 먼저 만드는 것이 논리력 훈련에 도움이 된다. 마지막 장은 물론 결론이다. 이 발표를 통해서 무엇을 얻을 것인지 혹은 앞으로 어떻게 하겠다는 것을 먼저 써본다. 다음으로 첫 장을 쓴다. 첫 장은 결론에 도달하기 위해 방법론적으로 어떤 경로를 거쳐 갈 것인지를 구체화한다. 마지막으로 이미 만든 첫 장과 끝 장을 이어 주는 발표 자료를 만들면 준비는 거의 끝난다.

자료 만들기가 끝나면 발표 준비는 절반이 완성이다. 다음 단계는 메시지의 전달이다. 만들어진 자료를 청중에게 얼마나 효과적으로 전달하는가는 발표라는 일에서 중요한 요소다. 자료를 한 장 한 장 소화하면서 자료들과 친해져야 한다.

특히 처음 2~3장은 꼭 외워야 한다. 처음 5분 정도가 발표의 성패를 좌우한다. 처음 5분에 청중의 기선을 제압하지 못하면 발표는 실패다. 확신에 찬 목소리로 '마의 5분'을 넘겨야 한다. 특히 영어 발표일 경우 이런 중요성은 배가된다. 논리력과 열정으로 너의 발표를 준비해라.

마지막으로 완성된 발표 자료에 보스의 코멘트를 가미해라. 그가 무슨 말을 하든지 그건 중요하지 않다. 중요한 것은 네가 그를 두 번, 즉 자료를 만들기 전후 찾아갔다는 것이다. 언제 어디서나 그는 너의 보험이다. 이걸 잊지 마라.

38 최고의 접대는 **접대가 아닌 듯** 접대하는 것이다

접대란 거래처와 돈독한 관계를 유지하여 업무 흐름을 원활하게 하는 일련의 행사나 그에 준하는 교류 활동을 총체적으로 이르는 말이다. 그러면 거래처란 무엇인가? 거래처란 나를, 우리 회사를 먹여 살려 주는 주체다. 대부분의 신입사원들, 특히 대기업 신입사원들은 이 점을 잘 모른다. 고객이라 불리는 이 거래처에서 제품의 구매를 중단하면 우리 회사는 자금 사정이 나빠지게 된다. 이런 사정이 증권시장에라도 흘러가면 주가는 곤두박질치고 은행들은 등을 돌릴 것이다. 상상만 해도 끔찍한 일이다. 이렇게 대단한 분들을 모시는 일이 접대다.

먼저 접대의 태도에 대해 이야기해 보자. 가장 높은 수준의 접대는 상대방이 접대받는 줄도 모르는 상태에서 접대를 하는 것이다. 나도 즐기고 또 그들도 즐기다 보니 어느새 한 덩어리가 되어 허심탄회하게 마음속 이야기를 꺼내놓게 된다. 여기서 접대 태도의 기둥이 되는 규칙은 어떤 경우에도 네가 긴장을 풀고 혼자서 즐기는 일이 있어서는 안 된다는 것이다. 너는 접대하는 그 순간에도 근무 중인 사원이며 상대방은 너의 고객임을 잊지 마라. 어느 장소든 네가 제일 먼저 가고 가장 늦게 떠나라.

그 다음으로 중요한 것은 종목의 선택이다. 이전에는 술이 접대의 주 종목이었지만 요즈음은 음악회나 테니스 같은 종목도 접대의 대열에 오르는 만큼, 사전 조율에 선입견은 금물이다. 종목과 시간이 정해지면 네가 먼저 약속한 장소로 가서 준비 상황을 살펴보는 것이 좋다. 이때 반드시 체크해야 할 몇 가지 주의점이 있다. 첫째, 너의 보스에게 먼저 떠난다는 양해를 구하고 떠나야 한다. 둘째, 네가 떠난 뒤의 정리를 누군가에게 부탁해 놓아야 한다. 셋째, 배차 계획이다. 누가 어느 차에 탈지를 미리 계획하고 정보를 공유해야 한다. 이 많은 것들은 미리 리스트로 만들어 준비해 나가면 도움이 된다.

며칠 동안 준비한 잔치가 끝나면 대부분의 사원들은 긴장을 풀고 잠자리에 들기 마련이다. 그러나 늦게 일어나 출근 시간이 지나서 사무실을 찾은 그대는 죄인이다. 어젯밤의 영웅은 어제의 일이고 오늘은 다시 부서장의 날카로운 평가를 받는다. 일 좀 했다고 지각하지 마라. 대부분의 사람들이 이런 날에 지각하기 때문에 감시의 눈길은 더 날카롭다. 이런 날은 아예 일찍 나가

라. 일찍 출근해서 오전에 급한 일 처리하고 오전 11시쯤 사우나로 가라. 좀 쉬다가 늦은 점심을 먹고 오후 1시까지 들어가라. 늘 말하지만, 놀 때는 언제나 일하는 것처럼 보여야지. 마지막으로 오후에는 어제 접대한 거래처에 전화해서 어제의 감회를 다시 여쭈어야 한다. 합격인지 불합격인지, 아니면 잘할 때까지 계속할 건지.

갑과 을은 **돌고 돈다고 생각해라**

솔직히 말해서 사무실에 앉아 이놈 저놈 불러 댈 때는 사실 회사 생활 할 만했다. 남이야 갑의 횡포 어쩌고 해도 의자 뒤로 젖히고 일장 훈시를 시작하면, 상대방이 알아듣는지 어떤지 알고 싶지도 않았다. 그저 내 불만 사항을 내 식으로 표현하면 그만이었다. 형님뻘이든 아저씨뻘이든 내가 눈 내리뜨고 한마디 하면 그저 공손한 대답이 돌아올 뿐 별 어려움이 없었다.

그러나 먹이사슬에 영원한 갑은 없다. 내가 남의 것을 사주면 반드시 내 것을 사주는 누군가가 있다. 간단히 말하면 오늘이 '갑'이 '을'로 바뀌는 날이다. 내가 거래처 구매부장 앞에서 머리를 조아리고 웃음을 흘려야 한다. 물론 내가 화를 낼 수도 있다.

그러나 냉정하게 생각해라. 화 한 번 내는 데 수억 원이 눈앞에 왔다 갔다 한다. 또 하나, 모든 사람의 권한이란 것이 남을 잘되게 하기는 어려워도 못되게 하기는 쉽다. 깔봐도 좋은 사람은 절대 없는 법이다.

거래처를 방문하기 전에 제일 먼저 앞에 말한 자세를 가다듬어야 한다. 둘째로, 방문 목적과 성취 목표를 설정하여야 한다. 한마디로 왜 가는지 서로 동의해야 한다. 일상적인 실무자끼리의 모임이라면 생략할 일이지만 확대 간부회의 성격이라면 사전 조율 절차가 필요하다. 셋째로, 참석 대상자를 결정해야 한다. 업무의 전문성이든 연공서열이든 간에 분명한 논리로 대상자를 정하고 개별적으로 통보해야 한다. 이때 타 부서와 접촉이 필요하다면 보스의 도움을 받는 것이 현명하다.

그리고 방문 당일에 준비해 둔 배차 계획에 따라 이동한다. 이때 만일의 사고에 대비하여 한 부서를 같은 차에 태우지 않는 세심함도 있어야 할 것이다. 거래처에서 토론하고 동의한 모든 것들은 가능한 한 기록으로 남겨 놓는다. 회의록으로 남겨 놓고 수시로 내가 해야 할 일을 챙겨서 하는 성실한 자세가 필요하다. 물론 거래처의 할 일도 이런 식으로 알려 주면 무척 고마워할 것이다.

여기서 네가 꼭 알아야 할 것이 있다. 여러 부서가 걸려 있는 회의, 특히 거래처까지 발 담그고 있는 회의에서 나온 이슈들에 끼어들지 마라. 가능하면 누군가와 같이 일을 맡되 민감한 부분은 끼어들지 마라. 잘되면 팀 덕분, 안되면 네 탓이다.

역지사지(易地思之)란 말이 있다. 서로서로 입장을 바꿔서 생각하라는 말이다. 갑은 언제나 갑으로 있을 수 없고, 을 또한 마찬가지다. 세상은 돌고 돈다. 네가 힘이 있을 때 너에게 찾아온 사람들에게 넉넉히 해주거라. 이건 종교적 계시이기보다는 세상사는 일반론이다. 월급쟁이로서 너도 그 자리에 평생 있을 리 없고 상대방도 그럴 리 없다. 어디를 가더라도 만난다. 그러면 방문을 하든 방문을 받든 처세는 방향에 관계없이 일관적이다. 상대를 존경하고 그 만남에 성의를 다해라. 이건 네고(negotiation)를 피하고 퍼주라는 이야기가 아니다. 단지 회사의 방침 안에서 전달의 방법을 공손하고 진지하게 하라는 뜻이다. 악역을 맡을 필요가 없다. 다시 한 번 강조하지만 너는 월급쟁이다. 주인 정신과 대리인 정신이 잘 조화되어야 한다.

마케팅은 배로 치면 **조타와 같다**

마케팅이란 용어는 우리나라에 들어와서 본래의 뜻보다 좀 위축된 인상이 든다. 일반적으로 마케팅은 고객 혹은 잠재 고객과의 접점에서 회사의 브랜드 이미지를 향상시켜 이를 매출 증가에 연결하는 일련의 활동을 말한다. 이것도 틀린 말은 아니지만 마케팅 활동 중 하나인 프로모션(Promotion) 쪽을 비대칭적으로 많이 보여 주고 있어서 마케팅의 완전한 설명을 어렵게 한다. 심지어 명함 앞면에 영업부라 쓰고 뒷면에는 마케팅부서라 써놓은 것도 본 적이 있다. 모두가 틀린 말은 아니지만 완전한 설명 또한 아니다.

마케팅부서는 배로 치면 조타수 역할을 한다. 그래서 회사 외부 활동 혹은 회사 내부의 의사결정 과정에서 기준이 되는 방향을 제공한다. 따라서 마케팅부서는 시장뿐만 아니라 내부 시스템에도 정통해야 한다. 이른바 이익 관리의 주체로서 경영진의 의사결정에 도움을 주는 것도 주요한 업무 중 하나다. 마케팅부서의 주요 업무를 살펴보면 크게 회사 외부와 내부 업무로 나눌 수 있다.

회사 외부 업무로는 첫째, 시장 관리다. 이것은 단순히 수요공급 곡선을 분석하는 것이 아니라 시장 전체의 메커니즘과 그 영향하의 각 공급자들이 어떻게 거동할지를 예측하고 평가하는 일이다. 또한 이 모든 움직임이 우리의 마케팅 전략과는 어떤 관계에 있는지를 이해해야 한다.

둘째, 시장 정보 수집 및 분석이다. 주로 소비자나 다른 경쟁 공급자의 움직임을 지속적으로 파악하여 분석한다. 특히 중장기적으로 이러한 움직임이 우리에게 어떤 의미인가를 알아내어 간결한 메시지로 만든 다음 관련 부서에 전파한다. 이것은 급격히 변화하는 시장 환경하에서 체계적인 정보를 공유하는 중요한 업무 중 하나다. 내부적으로 마케팅부서는 회사 자원의 제한된 범위 내에서 최적의 결과를 얻도록 부서 간 조율을 유도하는 업무도 수행한다.

세일즈는 '최대'를 목표로 하지만 마케팅은 '최적'을 목표로 한다. 너의 한 동작, 한 동작이 회사가 추구하는 마케팅의 근본에 어긋남이 없어야 한다. 그리고 최적의 개념을 잊지 말도록. 풍선의 한 곳을 밀면 다른 한 곳이 튀어 나온다. 이런 불균형은 바람직하지 않다. 최적은 골고루 커진 풍선과도 같다.

이 많은 일들을 해치우기 위해 내가 본 북미나 유럽의 마케팅 매니저들은 회사에서 밤새는 것을 예사로 여긴다. 사무실에서 근 일주일씩 보내고 나면 아주 기본적인 지각 능력이 떨어진다. 예를 들면 아침에 해가 뜨면 '굿 모닝'인지 '굿 이브닝'인지 헷갈린다. 그래서 종종 비서에게 질문을 하다가 사무실이 웃음바다가 된 적도 있다.

정리하자면, 마케팅부서의 주 업무는 내·외부적으로 시장의 방향과 정보를 바탕으로 회사의 나갈 길을 제시하고 그 결과를 실증적으로 보여 주는 것이다. 이들은 또한 저돌적 주인의식으로 똘똘 뭉친 우수한 사원들이다.

아들아! 너의 꿈이 마케터가 아니라면 이런 일은 멀리해라. 죽도록 고생하고 욕 안 먹으면 다행이다. 말이 좋아서 그렇지, 어찌 네가 시장을 예측하고, 관련 부서를 끌고 가겠냐? 그러다가 병나면 다 헛거다. 성공만이 행복은 아니란다.

시장세분화는 **최소의 노력으로 최대의 효과를** 노리는 것이다

시장세분화(segmentation)란 시장을 몇 가지 중요한 소비자의 선호 특성을 공유하는 소비자군으로 세분화하는 마케팅 기법을 말한다. 중요한 선호 특성은 각각의 산업에 따라 다르지만 보통 가격(P), 기술력(T), 관계(R) 등을 키워드로 잡는다. 그 다음에 소비자의 특성과 너희 회사의 경쟁력을 기초로 3가지의 키워드를 2가지씩 짝지어 시장의 특성을 가급적 단순화한다. 예를 들면 RT(품질에 민감하며 관계성 중시), TP(품질에 민감하며 가격 중시), PP(오로지 가격) 등이 있을 수 있다. 이 세분화된 시장의 마케팅 플랜을 간단히 살펴보면, 첫째로 신제품이 나오면 RT 그룹에 먼저 소개하고, 그 다음에 TP 그룹에 소개하며 마지막으로 PP 그룹에 소개 한다.

각 그룹에 대한 전술을 살펴보면, RT 그룹에는 신제품을 소개할 때 관계성을 최대한 활용하여 가격을 올려 받고, TP 그룹에는 이미 RT 그룹에 소개했던 제품 중에 비교적 생산원가가 낮은 제품을 소개한다. 그 다음, 물량을 채우기 위해 PP 그룹에 관광을 나간다. 이와 같은 방법으로 판매 원칙뿐만 아니라 물류나 신제품 개발 등에도 각사의 사정에 따라 표준 마케팅 지침을 만들 수 있다.

또 컨틴전시 플랜(Contingency Plan, 응급조치)도 가능하다. 예를 들어 공급 물량이 모자랄 경우 공급의 우선순위 산정도 가능하다. 우선 공급권은 언제나 R 그룹에 있다. 왜냐하면 관계는 복구가 어렵고 복구하더라도 시간이 많이 걸린다. 그러나 P 그룹은 가격만 맞으면 언제든 복구가 가능하므로 물량이 모자랄 경우 우선순위를 낮출 수 있다.

이처럼 시장세분화는 담당 부서 단위의 행동 지침을 가능하게 해줄 뿐만 아니라, 경쟁력 분석과 결합될 경우 실질적인 마케팅 플랜으로 완성될 수 있다. 예를 들어 너희 회사의 경쟁력이 신제품 개발에 있다면 RT나 TP 등의 그룹을 목표로 하는 것이 바람직하다. 따라서 모든 경영 계획이 일관되게 작성될 수 있다. 여기서 분명한 것은 나쁜 고객은 없다는 것이다. 시장세분화는 다만 너희의 한정된 자원을 가장 경쟁력 있는 곳에 집중시켜 효과를 극대화하는 경영활동의 보조 수단이다.

시장세분화는 소비자의 구매 특성을 고찰하여 그에 맞는 서비스를 제공하도록 그룹을 다원화하는 마케팅 기법이다. 그렇게 함으로써 공급자는 최소의 노력으로 최대한의 효과를 추구한다. 시장세분화는 몇 개의 세일즈 데이터로는 불가능하다. 시장 전체를 관통하는 혜안이 없이는 단지 또 하나의 애물단지를 만드는 것에 불과하다. 시장세분화를 위해서는 먼저 시장에 나가야 한다. 가서 느끼고 확인해야 한다. 소비자들이 한 이야기는 종종 그들의 행동과는 다르다.

42 관련부서와 싸울 때는 **싸움의 법칙을 지켜라**

나는 사람을 처음 만나면 참 잘해 준다. 그러면 반응이 온다. 내 경험상 약 30퍼센트는 '역시 내가 잘났어, 재가 잘해 주니까'라는 표정을 짓는가 하면, 나머지 70퍼센트는 '야, 저 사람 됐구나. 내게 인사를 다 하고' 하는 느낌을 풍긴다. 그러다 기회가 오면 다시 30퍼센트 그룹에 강한 드라이브를 건다. 그러면 역시 30과 70 그룹으로 나누어진다. 통틀어 약 10퍼센트(0.3×0.3)의 그룹이 항상 안티로 내 주위에 남아 있다는 말이다.

회사 일을 소신 있게 밀어붙이려면 이 10퍼센트의 비우호적 집단과 항상 싸워야 한다. 물론 이 실험식이 모든 산업에 끝자리 하나까지 맞지는 않겠지만 그 경향은 비슷할 것이다. 그렇다면 우리는 언제나 나를 싫어하는 그룹과 함께 있으며, 싸움 또한 기폭제만 있으면 금방이라도 시작될 수 있다. 모든 싸움이 정당화될 수는 없다. 우선 싸움에는 명분이 있어야 한다. 내가 왜 싸우는지를 자신에게 이야기하고 또 남에게 이야기할 수 있어야 한다.

전장에 교전 수칙이 있듯이 회사에서의 싸움에도 원칙이 있다. 첫째는 낮은 목소리로 말하라는 것이다. 큰 소리로 떠들어봐야 구경꾼만 꼬이지 너를 진정으로 도와주는 사람은 극히 제한되어 있다. 동네방네 싸움꾼이라고 떠드는 것 외에는 별로 얻는 게 없다. 이메일을 쓸 때도 온 동네에 참조를 넣어서 보내면 별로 좋아하는 사람 없다. 문제가 생기면 요점만 간단히 해서 꼭 필요한 당사자들과 온라인상에서 이야기하면 된다.

둘째는 일관된 목소리로 이야기하라는 것이다. 오늘은 '이거다'라고 이야기하다가 내일은 '저거다'라고 설쳐 대면 메시지의 힘이 빠진다. 어제나 오늘이나 한결같은 방향으로 이야기하는 것이 자신의 뜻을 관철시키는 바람직한 방법이다.

셋째는 누구에게나 똑같은 말을 해야 한다는 것이다. 김 과장에게는 문제의 핵심이 이거라고 했다가, 박 부장에게는 문제의 핵심이 다른 방향이라고 하면 너의 메시지는 효과적으로 전파되지 못한다.

이러한 싸움의 원칙 외에도 보스가 말하는 '관전 평(評)'이라는 것이 또 있다. 보스라는 이름으로 우리에게 비추어지는 회사는 조용한 것을 원한다. 그러나 문제 또한 신속히 해결되기 바란다. 조용한 문제 해결. 그렇다면 내놓고 다른 부서와 싸우는 것은 승패를 떠나 바람직하지 못한 일이다. 싸움은 자제해라. 그러나 꼭 필요하다면 '싸움의 법칙'을 잘 따르도록.

주변 사람들과 맞지 않는다면 **해답은 한 가지, 맞춰라!**

회사에서 주변 사람들이란 같은 부서 혹은 관련 부서 담당자를 말한다. 회사에서 늘 만나는 이들과 일하는 방법이나 과정이 판이하게 다르다면 하루하루가 고역이다. 만일 너에게 이런 일이 닥친다면 우선 재수가 더럽게 없다고 생각해라.

이런 상황에서 신입사원인 네가 할 수 있는 일이란 없다. 그렇다면 방법은 한 가지, '나를 바꾸는 것'이다. 모든 생명체들은 새로운 환경이 주어졌을 때 환경을 탓하지 않았다. 자신을 환경에 맞도록 바꿈으로써 살아남는 법을 선택했다. 네가 바뀌면 살고 환경이 바뀌기를 기다리면 도태되거나 죽는다. 적어도 신입사원에게는 그렇다. 먼저 사람은 각자가 다를 수밖에 없음을 인정해야 한다. 모두가 신입사원 살아남기에 대해 똑같은 해결책을 가지고 있다면 회사에서는 그들 모두에게 월급을 줄 필요가 없다. 극단적으로 한 명만 남기고 다 해고해도 생산성은 같다. 긍정적으로 생각하라. 내가 그들에게 다가서면 된다.

너를 각각의 사람들에게 맞추는 방법은 수없이 많다. 거꾸로 이야기하면 한 개인 개인을 분석하다 보면 도저히 큰 그림을 완성할 수 없다. 그렇다면 해결책은 몇 개의 그룹으로 나눈 뒤에 그룹별로 해결책을 제시하여 실행하는 것이다.

예를 들어 '성질 급한 그룹'에게 보고할 때는 결론부터 이야기하고 서론을 뒤에서 다룬다. 보고 시에도 현란한 동작이나 미사여구보다는 간결한 용어를 선택하는 것이 유리하다. 이 그룹은 회의할 때도 일찍 나오는 경향이 있으므로 유의하여야 한다.

'분석적인 그룹'은 항상 결론에 도달하기 전에 데이터를 요구하기 때문에 사전 준비가 필요하며, 발표 시에도 '약', '쯤' 등의 불명확한 용어를 사용하지 말아야 한다.

그리고 '말이 많은 그룹'이 있다. 이 그룹은 회의 시간 내내 무엇인가를 얘기하지만 무엇을 말하려는지 명확하지 않다. 그런데 이 그룹은 무엇인가를 하나 물면 신이 나서 갑자기 성질 급한 그룹이나 분석적인 그룹으로 바뀌는 경향도 있다. 일종의 테러리스트들이다. 이 그룹을 잠재우는 방법은 보고서를 제출하거나 발표를 하기 전에 미리 찾아가서 자료를 보여 주고 일부러 도움을 청하는 몸짓을 취하는 것이다. 물론 그들의 빈 깡통 같은 질문이 멈추지는 않겠지만, 적어도 깡통이 폭탄으로 변하지는 않는다.

먼저 네가 생각하는 문제아들을 하나의 종이 위에 모두 써라. 그 다음에 그들의 특징적 성격을 고려하여 그룹핑(grouping) 해 보거라. 그 다음 너의 성격은 어떤지를 분석하고 각 그룹과의 상관관계를 검토해 보아야 한다. 그리고 그들이 아니라 내가 변해야 할 것임을 다시 한 번 상기하고 그룹별 행동 지침을 만들어 실천해야 한다. 주변 사람들과 잘 맞지 않는다면 해답은 한 가지, 맞춰라!

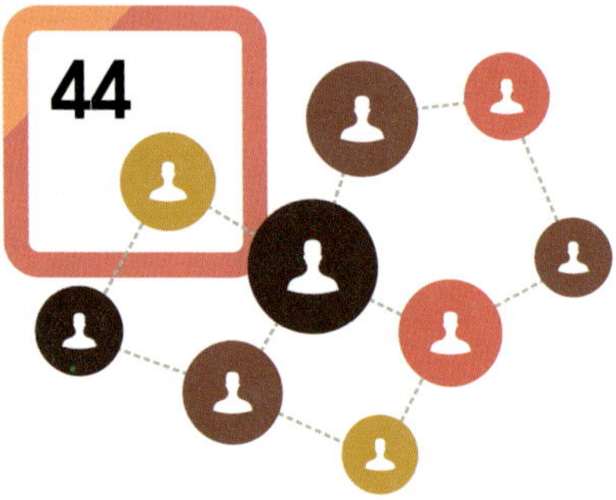

성공의 비결은 **실력과 인맥이다**

사회에서 성공하는 비결은 건강의 비결만큼이나 개인적이고 주관적인 이슈다. 어떤 신입사원은 보스의 대소사에 빠짐없이 참석하여 얼굴도장을 확실히 찍어 두는 것을 행동 수칙으로 꼽는가 하면, 업무파악을 위해 주말에도 집에서 회사 파일을 뒤적거리는 워커홀릭도 있다. 그리고 주말에는 보스의 친구로 살아가는 사람들도 있다. 보스가 골프를 치면 따라서 필드를 누비고, 보스가 등산을 원하면 예쁜 도시락까지 준비해서 등산 코스를 탐구한다. 이른바 인맥 쌓기다.

그러나 인맥만으로는 부족하다. 실력은 전장에서의 기본 장비다. 어떤 경우든 자신의 경쟁력을 바탕으로 성공의 무기를 만들어 가는 것이 필요하다. 자신이 어학에 소질이 있다면 영어 이외에도 중국어를 유창하게 구사하도록 장기 계획을 세우고, 스포츠에 뛰어난 자질을 가진 경우라면 각종 구기종목을 매개체로 하는 것이 성공으로 가는 한 걸음이 될 수 있다. 어떤 경우든 자신의 경쟁력을 벗어난 종목을 들고 목표를 향해 뛰어가지 마라. 분명히 몸 버리고 성공은 물 건너가게 되어 있다. 그리고 세속적 성공이란 너에게 무엇을 뜻하는지 잘 생각해 두어야 한다. 행복하지만 성공적이지 않을 수도 있고, 불행해 보이더라도 자신은 행복한 사람도 많다. 성공의 목표를 세우되 행복과 멀어지지 않도록 해야 한다.

거칠게 보면 성공의 키워드는 실력과 인맥으로 이루어져 있다고 말할 수 있겠다. 그리고 하나를 더한다면 '운'이다. 현실적으로 운도 실력이다. 학교 다닐 때는 '운삼기칠'이었는데 사회생활 하다 보면 '운칠기삼'이라는 생각이 많이 든다. 회사에서는 실력이 끈기를 당하지 못하고 끈기는 운을 당할 수 없다는 말이 있다. 결국 운 좋은 사람이 제일이라는 이야기가 된다. 하지만 어쩌랴, 우리가 할 수 없는 일을…. 그냥 조용히 실력과 인맥을 쌓으며 때를 기다리는 마음으로 살 수밖에.

미국회사는 유목사회고, **한국회사는 농경사회다**

'회사란 인적 자원과 물적 자원이 결합하여 이루어진 집단이며 이윤 추구를 그 목적으로 한다'는 점에서 어느 나라의 회사든지 많은 공통점을 갖고 있다. 다만 문화와 환경의 차이에 따라 그 목적을 성취하는 방법이 조금씩 다를 뿐이다.

예를 들면 미국회사는 유목문화가 그 기저에 살아 있어서 자신의 경계에 대해 매우 민감한 반면, 농경정착문화의 영향 아래 있는 한국회사는 팀워크에 비중을 많이 두는 편이다. 미국회사에서는 자신의 영역 밖에는 포탄이 떨어져도 크게 신경 쓰지 않지만, 자신의 영역 내에서는 아무리 작은 소리도 원인을 규명하여 목표 달성에 보탬이 되고자 노력한다. 반면 한국회사에서는 목표 달성도 중요하지만 사내의 인간관계도 중요한 평가 항목이다.

미국회사는 대부분 실적 위주의 평가급 제도를 채택하고 있다. 연초에 설정한 목표를 연말에 가서 얼마나 달성했는지를 평가하여 직원들의 다음해 급여나 성장 계획을 세운다. 물론 실적이 좋으면 월급이 오르겠지만, 그 반대의 경우도 각오해야 한다. 한국회사도 요즘 연봉제를 도입하면서 실적에 대한 부담이 급여에 직결되도록 하는 제도를 속속 도입하고 있지만, 아직은 비교적 인간관계나 팀워크가 평가의 기저에 깔려 있다.

미국회사에서 살아남기 위해서는 자신의 분야에서 최고가 되어야 한다. 자신의 영역 내에서는 개미 한 마리의 움직임도 간파하는 정보력도 갖추어야 한다. 반면 한국회사에서는 전문지식이 좀 모자라더라도 인간 됨됨이가 회사의 요구 수준을 상회한다면 투자해 볼 만한 인재로 고려대상에 포함된다. 시스템상으로 보면 미국회사에서는 영웅의 출현이 가능한 반면 역시 도태 당할 확률도 높아진다.

굳이 미국회사에 관심이 있다면 먼저 자신의 전문 분야에서 인정받는 사람이 되어 누가 뭐라고 하든지 업계 1위라는 명성을 갖고 있어야 한다. 업계의 명성은 이직에 중요한 요소다. 신입사원을 뽑는 과정도 좀 다르다. 한국회사에서는 면접일을 잡아 놓고 모든 후보자들이 모여서 시험도 치르고 면접도 본다. 그러나 대부분의 미국회사의 경우, 채용은 날짜가 정해지지 않은 수시모집의 형태를 띤다. 다만 필요하면 서치 펌을 활용하기도 한다. 그래서 평소에 서치 펌에 미리 이력서를 넣고 자신을 알려 놓는 것이 도움이 된다. 한국회사의 경우 인턴제도 등을 통하여 미리 직원들과 친분을 쌓아 놓는 것이 입사의 관문을 통과하는 데 도움이 된다.

아들아! 이직을 고려한다면 이런 차이점을 이해하여야 한다. 하지만 어차피 월급쟁이의 목표가 백만장자가 아니라면 그냥 가늘고 길게 살아라.

46

해외 근무를 떠날 땐, **너의 대부가 국내에 있어야 한다**

해외라는 말만 들어도 가슴 뛰던 때가 있었다. 다른 나라에 가서 외화를 번다는 사실만으로 대단한 애국활동을 하는 것처럼 여겨지던 시절이 있었다. 그때만 하더라도 해외 근무는 누구나 선망하는 자리였다. 회사 내에서도 해외 근무는 선택받은 몇몇 사람의 차지였고 집에서는 가문을 빛낸 사람을 만드는 길이었다. 또한 해외에서의 생활이 끝나면 한국에서의 탄탄대로가 기다리고 있었다. 정년 때까지 안심하고 먹고살 수 있는 황금 뒤주가 해외 근무였다.

그러나 이젠 상황이 바뀌었다. 먼저 해외라는 실체가 우리와 너무 가까워졌다. 항공편만 하더라도, 도쿄와 상하이는 셔틀 식으로 다니고 동남아는 흔한 여름 휴가지가 되어 버렸다. 이제 해외는 더 이상 가슴 뛰는 곳이 아니다. 이런 흔해진 의미의 '해외'라는 정서는 종업원들의 입장에서 보면 내부경쟁의 심화라는 원하지 않는 부산물을 가져다주기도 한다. 이제는 해외 근무가 더 이상 프리웨이 티켓이 아니다. 한국에 돌아와도 자리가 없을 수 있다.

더욱 중요한 문제는 네가 자리를 비운 동안 저만큼 진도 나가 버린 사내 정치의 세계다. 국내에 있는 너의 견제 세력들이 너를 어떻게 자리매김해 놓았는지 모를 일이다. 극단적으로 너는 그들의 평가에 영향을 받아 국제 미아로 남아 한국에 못 올 수도 있다.

더욱 더 중요한 것은 가족들의 적응력이다. 4계절을 즐기다가 1년 내내 여름이나 겨울인 나라를 만난다면 가족들은 곤욕스러울 것이다. 당신의 결정으로 그들의 터전을 하루아침에 바꾸는 것은 아주 고통스러운 경험이다. 이는 아주 중요한 문제다.

월급쟁이는 위에서 가라면 간다. 물론 가라는데 안 가면 집에 가야 하는 것도 안다. 다만 위에 기술한 이슈들을 잘 따져서 미리미리 준비해 두라는 것이다.

다시 키워드는 사람과 경쟁력이다. 아들아, 조용히 눈 감고 스스로를 살펴보라. 과연 너는 어떤 경쟁력을 가지고 있으며 해외 근무가 그 경쟁력에 어떤 영향을 미칠 것인지, 왜 가는지, 무엇을 계발하기 위해 가는지를 말할 수 있어야 한다.

또 하나 중요한 것은 너의 경쟁력을 인정해 주는 대부(代父)가

국내에서 버텨 주어야 한다. 그가 국내의 관제탑에 영향을 주지 못한다면 너는 빈 하늘을 돌아다닐 것이다. 마지막이자 처음으로, 매우 중요한 가족들의 의견을 귀담아 들어야 한다. 무턱대고 떠났다간 큰일 난다.

47

월급쟁이가 행복해지려면 **일을 즐겨야 한다**

일하는 자세에는 두 가지가 있다. 이른바 대리인의 자세(agentship)와 주인의 자세(ownership)다. 대리인은 자신이 한 일에 대해 일정액의 수수료를 받고 살아가는 반면, 주인은 전체 조직이 생산한 이익에 대해 일정 부분을 가져간다. 그러므로 대리인에게는 조직의 손익에 관계없이 주인과의 계약이 더욱 중요한 관심사다. 극단적으로 조직이 이익을 창출하지 못하더라도 자신이 동의한 범위의 일에 대해 성취가 입증된다면 자신이 할 일은 다한 것이 된다.

그렇다면 월급쟁이가 행복해지는 방법은 첫째, 사고의 체계를 '대리인'으로 만드는 것이다. 회사에서는 끊임없이 너의 주인의식을 깨워 불러낼 것이다. 이런 호출에 거부감을 나타낼 필요는 없다. 그러나 반드시 기억할 것은 너의 성취도는 '대리인'에 묶여 있다는 것이다. 특히 임원이 되기 전, 입사 20년 차 이전에는 네가 맡은 일이나 잘해야지, 회사가 온통 내 것인 양 나대면 쉽사리 피곤해진다. 맡은 일이나 잘해라.

월급쟁이가 행복해지는 두 번째 지름길은 일을 하면서 즐거워지는 것이다. 즐거우면 오래 할 수 있고, 오래 하면 잘할 수 있다. 잘하면 경쟁력이 높아진다.

네가 맡은 일에서, 그 범위 내에서 최선을 다해라. 적어도 회사 내에서는 네가 어떻게 할 수 없는 일에 발 구르고 진 빼지 마라. 그리고 무엇보다 중요한 점은 네가 즐거운 일을 선택하는 것이다. 입사 전부터 하고 싶은 부서를 찍어 놓았다가 끈질기게 지원해야 한다. 정 안 되면 회사를 옮겨서라도 네게 즐거운 일을 찾아야 한다. 물론 가장 좋은 경우는 처음 선택한 회사에서 즐거운 일을 찾는 것이다. 일이 즐겁고 그 일의 책임이 나에게 분명하다면 너는 행복할 거다. 어디 가서나 자기 주제를 아는 것이 행복의 첫걸음임을 잊지 마라.

48

가격인상의 기본은 **경쟁력과 시장세분화다**

월례회의 때, 보스의 질문은 황당했다. "시장점유율은 그대로 두고 판매량은 지킨다"는 계획을 실천하기 위한 구체적인 방안을 내놓으라는 것이다.

아들아, 이런 질문이 나올 때쯤이면 이른바 회사 짬밥이 제법 몇 년은 되어갈 직하다. 회사생활이 얼마나 황당한지를 심심찮게 느끼고, 슬슬 회사생활에서의 딜레마를 친구 삼을 때가 이쯤이다. 윗사람의 오더도 칼의 양날로 변해 간다. 꼭 나한테만 그렇게 변해 가는 것 같다. 그중에서도 가장 대표적인 것, 윗사람은 말하기 쉽고 아랫사람은 가장 실행하기 어려운 오더가 바로 가격인상이다.

더욱 사람을 황당하게 만드는 것은 시장점유율은 그대로 두라는 것이다. 가격은 올리되 판매량은 지키란다. 정말 신의 손길 없이는 도저히 실행하기 어려운 이 황당한 일을 한 범부의 손끝에서 보고자 한다. 그게 회사다. 잘해 봐야 월급 조금 더 받고 못하면 두고두고 씹힌다. 칼자루는 언제나 회사가 쥐고 있다. 그래도 뭔가를 만들어 내야 한다. 그게 월급쟁이다.

물론 회사마다 가격 정책이 다르고 경영층의 의지도 다르다. 하지만 변하지 않는 것은 경쟁력이다. 경쟁력이 강한 쪽이 항상 경쟁력이 약한 쪽을 이기게 되어 있다. 공급자 중심의 시장에서는 경쟁력이 별로 의미가 없지만 소비자 중심의 시장에서는 경쟁력이란 풀리지 않는 모든 문제의 해답이다. 이전의 마케팅은 전면전의 개념이었다. 목표를 향하여 모든 화력을 집중시키는 것이었다. 그러나 현재의 마케팅은 적의 가장 약한 부분을 나의 가장 강한 무기로 공격한다는 개념이다. 경쟁력을 극대화하려는 노력이다.

경쟁력 이전에 해야 할 작업이 세분화다. 세분화란 시장을 소비자의 요구나 행동양식 등을 기준으로 나누어 놓는 것이다. 예를 들어 가격 그룹, 신제품 그룹 등으로 세분화할 수 있다.

다시 이야기를 경쟁력으로 돌려 보자. 우리의 경쟁력을 극대화할 수 있는 그룹이 신제품 그룹이고, 가장 약한 그룹이 가격 그룹이라면 가장 먼저 해야 할 일은 신제품을 개발하는 것이다. 그게 첫 번째 전쟁 준비다. 이 비밀병기를 신제품 그룹에 가장 비싼 가격에 판다. 그 다음 단계로 할 수 있는 싸움은 가격 그룹에서다. 이 그룹을 목표로 생산원가가 낮은 제품을 낮은 가격에 시장에 내놓는다. 여기서는 판매량 증가보다는 경쟁자의 판매량이 감소하기를 바라는 것이 목표다. 세분화와 경쟁력의 현란한 조합은 시장을 얼마나 이해하고 있는가에 따라 달라지며 이것이 마케팅의 실력이다.

기본으로 돌아가서 나의 경쟁력을 이해하고, 고객의 요구를 귀담아 듣는 것이 모든 마케팅 활동의 기본이다. 세분화를 통한 경쟁력 분석이 끝났다면, 고객에게 어떤 가치를 전달해야 할지를 선택해야 한다. 비싸게 주고서라도 좋은 제품을 쓰겠다는 그룹에 구태여 싸고 좋은 제품을 줄 필요가 없다. 돈을 더 낼 자세가 되었다면 그렇게 하도록 하라. 그게 장사다. 싼 제품만 원하는 그룹에게는 가장 낮은 생산원가의 제품을 판매하라. 없으면 개발해야 한다. 그렇지 않으면 가까운 미래에 네 회사 제품은 비싸다는 혹평을 뒤집어쓰게 될 것이다.

방대한 양의 마케팅 기법을 여기서 설명한다는 것은 무리다. 다만 네가 기억해야 할 2개의 단어는 '경쟁력'과 '시장세분화'다. 이 모두 소비자와 직결된 개념이다. 소비자를 이해할 때도 역시 신중하고 조심스러워야 한다. 왜냐하면 종종 그들의 말과 행동이 다르기 때문이다. 예를 들어 네 엄마는 치약 값이 비싸다고 불평하지만 쇼핑 가방 속에는 늘 최고급 치약이 들어 있다. 어쨌든 해답이 없으면 근본으로 돌아가라. 그리고 거기서 소비자를 만나라.

회사란 **보스에 의해 움직이는** 제국주의 체제다

민주주의 체제하에서는 구성원의 능력이나 잠재력에 관계없이 구성원 각자에게 1표를 준다. 학력이 높거나 돈이 많다고 2표를 주지 않는다. 국가의 존망을 가르는 중차대한 일을 결정할 때도 국민 투표라는 이름하에 구성원 모두에게 1표가 주어진다. 주어진 표에 따라 자신의 뜻을 표방하여 아무리 중요한 일들도 1표가 많고 적음에 따라 채택 여부가 갈라진다.

상호 소통의 방법도 특이하다. 근대 민주주의 체제하에서는 투표권자의 의견을 들을 기회는 거의 없다. 그냥 피투표권자의 생각을 일방적으로 듣고 평가하는 대화 방식을 택하고 있다. 나에게 주어진 단 한 발의 총알을 그냥 즉각적인 판단에 의해 날려

보낸다. 또한 기권이라는 이름으로, 아무런 의견 표명이 없어도 누가 뭐랄 사람이 없다.

그렇다면 회사는? 절대 민주주의 체제가 아니다. 회사 내의 모든 결정은 비민주적이다. 의사결정 시 우선 표의 숫자가 다르다. 사원이 1표라면 과장이나 차장은 그 몇 배에 해당하는 영향력으로 의사결정에 참여한다. 물론 그들은 그렇지 않다고 너에게 말할 것이다. 다 거짓말이다. 회사에서는 눈에 보이는 것은 지위고하를 불문하고 같아 보이지만(헬멧, 작업복, 신발, 컴퓨터 등), 눈에 안 보이는 것들(급여, 권한, 퇴직금 등)은 모두 다르다고 보면 된다. 그러나 이런 불공평하에서도 너의 실적은 언제나 상승곡선을 보여야 하며, 적을 쓰러뜨리기 위해 칼날을 잘 갈아 놓아야 한다. 이 많은 것들 중 어느 하나라도 적신호를 보일 경우 너는 회사를 떠날 준비를 해야 할 것이다.

회사는 제국주의 체제다. 내 땅을 계속 넓히지 않으면 경쟁자에게 빼앗기게 되어 있다. 한 사람의 리더가 대부분의 의사결정을 내리고 또 책임을 진다. '나도 한 표'는 다 헛소리다. 언제나 제국의 확장을 위해서 싸워야 하고, 나의 공로를 알리는 일도 게을리 할 수 없다.

아들아! 이 제국주의적 시스템에서 살아남기 위해서는 밖으로는 영토의 확장을 지속적으로 수행하고 안으로는 그 실적을 적절히 광고하는 정치적 수완을 보유하여야 한다. 더욱 중요한 것은 하늘 같은 보스임을 잊지 마라. 그가 모든 이의 소중한 1표를 한 손에 쥐고 있다.

정년까지 버티는 비결, **경쟁력과 겸손이다**

자신의 경쟁력을 분석하여 끊임없이 계발하는 것이 장수의 기초 작업이다. 내가 아니면, 혹은 내가 가진 자격증이 없으면 일이 되지 않는다면 당신은 회사에 필요한 사람이다.

아들아, 네가 가진 에너지의 80퍼센트만 회사 일에 써라. 그리고 나머지 20퍼센트는 너의 경쟁력을 갈고닦는 데 써야 한다. 이렇게 만들어진 경쟁력은 사내뿐만 아니라 사외에서도 거래의 대상이 된다. 또한 자신의 일에서 성과가 나오면, 동기생이나 관련 부서에 넌지시 알려 너의 브랜드에 빛을 더해 나가야 한다.

경쟁력과 브랜드의 가치 부분에서 우위를 점하고 있다면 게임의 출발점은 어느 정도 기초를 잡았다고 볼 수 있다. 제 2단계로 회사에 필요한 사람이라는 인식을 보스를 비롯한 여러 사람들에게 못 박아주기 위해서는 말을 잘해야 한다. 내 경험으로 보아 말 잘하는 놈이 일 잘하는 놈보다 낫다. 그게 버티기를 위해서든 출세를 위해서든 관계없이. 내 말은 약장수처럼 떠들고 다니라는 뜻이 아니라, 기회가 오면 말을 잘한다는 인상을 강하게 심어주라는 얘기다. 예를 들어 업무 발표회나 월례회의 등이 좋은 기회가 될 것이다. 다시 한 번 말하지만, 조리 있게 말 잘하는 것이 일 잘하는 것보다 낫다.

또한, 보이지 않는 곳에서도 너의 경쟁력은 발휘되어야 한다. 너는 항상 겸손해야 한다. 음식점에 가면 가장 바깥에 앉고, 물을 컵에 따르고, 무엇인가 모자라면 네가 종업원을 부르고, 마치 네가 손님을 청한 집주인처럼 낮추어야 한다. 좋은 성과 앞에서는 운이 좋았다고 이야기하고, 무엇보다 동료들의 도움을 잊지 않는다는 말을 절대 빠뜨리지 마라.

겸손은 살아남는 자들의 공통된 덕목이다. 네가 겸손하면 사람들은 너를 경계하지 않는다. 그러면 너에게 넓은 길이 주어진다. 겸손의 또 다른 이점은 상대방으로 하여금 너의 출세가 자신의 출세인 양 착각하게 만든다는 것이다. 네가 잘되기를 바라고 또 성장하기를 바란다. 왜? 네가 편하니까. 네가 높은 사람이 되면 왠지 잘될 것 같으니까. 이처럼 겸손은 수비와 공격 어디에도 두루 쓰이는 대단한 연장이다. 경쟁력과 겸손이 네가 월급쟁이로서 가져야 할 지상 최대의 덕목이다.

사내 마키아벨리즘

Ⅲ

51

총구를 **절대 넘버원에게 향하지 마라**

회사생활을 하다 보면 시시비비를 가릴 일이 거의 매일 일어난다. 공문서 작성부터 프로젝트 수행까지 혼자서 끝내는 일은 거의 없고 대부분 다른 사원이나 부서의 도움을 받아서 진행하기 마련이다. 일이 잘 진행될 때는 문제가 없지만, 어디선가 비틀어지기 시작하면 서로 손가락질하기에 바쁘다. 하나의 사건에 무슨 용의자가 그리 많은지 모를 일이다. 이런 소요(騷擾)가 팀이나 부서 내에서 생기면 그나마 다행이지만 부서 간에 생기면 조용해질 때까지 제법 시간이 걸린다.

직장인들은 자기가 용의자로 지목받으면 대부분 침착함을 잃는다. 그래서 우선 다른 사람을 겨냥하게 되고 오직 과녁에서 빠져나오려는 노력만을 하게 된다. 동료를 쏘고, 팀장을 쏘고, 부서장을 쏜다. 오직 탈출의 의지로…. 여기서 많은 수의 어린 사원들이 '돌아올 수 없는 강'을 건너가게 된다. 그 부서의 최고자, 이른바 넘버원인 부장님을 겨냥하여 불만을 터뜨리거나 제도적 문제점을 열거하기 시작한다. 이런 유의 접근은 직접적이든 간접적이든 부서장의 귀에 들어가기 마련이고, 너는 야당 당수로서 넘버원의 수첩에 등록된다. 그 다음은 말 안 해도 알겠지. 은연중에 너는 불이익을 받게 마련이고, 그의 수첩에서 네 이름을 긁어 내는 데 수년이 걸릴 게다. 한 번의 저격 시도로 그의 경계는 더욱 탄탄해지고 너는 만신창이가 된다.

총구를 절대 넘버원에게 향하지 마라. 꼭 총소리를 내어 그를 겁나게 하고 싶다면 치사하긴 하지만 넘버 투를 쏘거나 아니면 경호원을 향해 총알을 날려라. 그의 총은 네 것보다 크며, 그의 총알은 네 것보다 살상력이 뛰어나다. 그러나 그마저도 조심해라. 총소리만으로도 그를 긴장하게 할 수 있으며 당신은 야당으로 분류된다. 조직에서 정의파는 소수세력이며, 소수세력은 쉽게 탄압의 대상이 될 수 있다. 둥글둥글 살아라. 단지 경고가 필요하다면 단 둘이서 있을 때 낮은 목소리로(권총은 끌러 놓고) 너의 우국충정을 전달해라. 그를 만나기 전, 무슨 말을 할지 잘 생각해 보고 한 번쯤 리허설을 하는 주도면밀함도 잊지 말고.

너는 월급쟁이지, **독립투사가 아니다**

토사구팽을 피하는 가장 기초적인 방법은 예상보다 간단하다. 자기 자신에게 물어보라. 내가 인력시장에서 과연 경쟁력이 있는지. 주어진 분야에서 나의 경쟁력이 다른 사람보다 우월하다면 토사구팽으로 희생될 확률이 줄어든다. 인력시장에서 경쟁력은 여러 가지 형태로 보상받는다. 하지만 보상이 그 사람의 잠재능력을 웃도는 경우 위험해질 수가 있다. 이른바 보상과 잠재능력의 조화가 필요하다. 자신의 잠재능력을 끊임없이 키워 가면서 어느 순간에 보상의 기회를 잡는 것이 보상을 극대화하는 가장 이상적인 방법이다. 아무튼 나의 현재 실적과 잠재능력이 동일한 그룹의 다른 사람들보다 뛰어나다면 토사구팽될 확률은 낮다. 자신의 경쟁력 우위를 스스로 만들어 가는 것이다.

두 번째 방법은 조직이나 그룹의 힘을 백분 활용하는 것이다. 프로젝트가 되었든지, 단기 과제가 되었든지 혹은 일상생활 속이든지 가만히 살펴보면 그 그룹을 끌고 가는 동아리가 있다. 이 그룹에 올라타는 것이 여행을 수월하게 끝내는 방법이다. 누가 보더라도 이 그룹은 재수가 좋다. 재수도 실력이라면 당연히 이 그룹의 실력도 뛰어날 것임이 틀림없다. 혼자서 야당 하다 보면 힘들고 어려운 일만 도맡아, 결국 몸 버리고 고생만 하다가 '팽' 당한다. 사람들이 모두 맞다고 할 때 혼자서 벌떡 일어나 아니라고 말하지 마라. 이건 총 맞기 딱 좋다. 스스로 타깃이라고 손든 꼴이다. 내가 파악해 둔 '여당'들이 어떻게 움직이는가를 눈여겨 보았다가 그대로 따라가면 제대로 가는 거다. 내 한 몸 편하고, 그룹 내에서 칭찬받고, 이런 처세야말로 명실공히 '토사구팽에서 멀어지는 방법'이다.

토사구팽이라는 짱돌을 피하기 위해서는 또한 자신의 경쟁력을 키워라. 이건 뭐든지 잘하라는 주문이 아니다. 다른 사람은 아주 못하거나 겨우 따라 하는 정도인데 내가 하면 아주 잘하는 것을 찾아서 갈고닦아야 한다. 그리고 실세에게 제발 들이밀지 마라. 그들이 한 사람당 한 대씩 때려도 너는 수십 대를 맞는 것이다. '모든 사람이 예라고 할 때, 아니라고 하는 사람'은 CF에서나 타당한 이야기이지, 현실 세계에서는 존재하기 어렵다.

털을 바짝 세운 여우보다는 졸린 사자의 모습이 '토사구팽을 피하는 동물의 적절한 묘사'다. 자신의 경쟁력을 주머니에 숨기고 먼 산을 쳐다보며 그저 한 방의 결정타를 조용히 기다린다. 작은 것들을 양보하고 사소한 것에 목숨 걸지 않는다.

아들아! 모두가 '예'라고 대답하면, 너도 그냥 '예'라고 대답해라. 늘 명심해야 할 것은 너는 일하고 월급 받는 월급쟁이지 조국의 광복을 위해 말 달리는 독립투사가 아니라는 사실이다.

53

잊히면 **맛이 가는 거다**

조직에서 자신의 경쟁력을 바탕으로 자존감을 구축하였다면 이것을 지속시키는 것이 중요하다. 잠자는 보스들의 기억을 간간히 깨워야 한다는 뜻이다. 사내 등반 대회에서 두각을 나타내든지, 혹은 낚시반의 신임 총무로 헌신적 노력을 보이든지 말이다. 요즈음 보스에게는 깔끔한 골프 실력을 보여 주는 것도 효과적이다. 그만큼 이미 골프는 공인된 비즈니스 툴로서 인정받고 있기 때문이다.

어떤 운동이든, 사회적 활동이든 보스의 기억에 남으려면, 혹은 보스와 가까워지려면 그 진입 방법에 세심한 주의를 기울여야 한다. 먼저 그 사람이 좋아하는 종목을 유심히 관찰하여 이를 목표 종목으로 설정한다. 그 다음, 이론 서적이나 강습 등을 통하여 이론과 실기의 토대를 마련한다. 다음으로 공식적인 진입 단계를 찾아야 한다. 사내 경기, 사외 친목단체 등을 통하여 그 종목의 일원이 되었음을 주지시키면 1단계 준비는 끝이다.

그런데 특히 유의해야 할 종목이 골프다. 아직도 비싼 운동이라는 선입관 때문에 신입사원에게는 좀 주제넘은 운동으로 보여 오히려 역효과를 낼 수 있다. 좀 잘 치면 "저 자식 일은 안 하고 공만 쳤나?" 하는 비난을 받고, 좀 못 치면 "운동신경 둔한 놈"으로 매도당한다. 골프를 배우려면 일정 기간 숨어서 치는 게 상책이다. 은둔해서 연습하다 보면 자연스레 진입 기회가 생긴다. 예를 들어 거래처와의 경기를 앞두고 대리가 배탈이 났다든지, 2~3년 차가 되면서 부서장이 권유를 한다든지. 불쌍한 신입사원들은 매사에 조심하는 수밖에 없다. 내 돈 내고 치는 골프조차도….

일 잘하는 놈보다, **눈에 잘 띄는 놈이** 오래 버틴다

회사 여기저기를 쑤시고 다니며 관계성을 향상시키거나 특정 활동에서 보스와 가까이 지내는 직접적 기회를 가지는 것이 살아남는 데 중요한 역할을 한다. 내가 여기 살아 있음을 지속적으로 알려라.

여기서 용어 정의에 좀 보수적 입장을 취해 본다. 말을 잘한다는 것은 자신이 할 일을 어느 정도 해놓고 그 성과에 대해 주위 사람들에게 이야기하는 능력을 말하는 것이지, 생판 아무것도 하지 않고 입만 갖고 살겠다는 의연한 자세를 말하는 것은 결코 아니다. 아무것도 하지 않았으면 차라리 입을 닫아라. 입을 닫는 것이 오히려 빈 깡통이 취할 수 있는 최선의 작전이다.

공부와 아부는 평소에 하랬다. 닥쳐서 발 동동 구르지 말고 시간 날 때 해두어라. 잊히면 죽는 거다. 보스나, 혹은 너의 미래를 결정지을 임원의 입에서 "○○가 누구지?"라는 소리가 나오면 위험 신호다. 그대로 간다면 1년 이내에 집에 갈 준비를 해야 한다. 일 잘하는 놈보다 눈에 잘 띄는 놈이 오래 살아남는다. 하지만 너무 하면 나댄다고 손가락질 받을 수도 있다. 그럼 어쩌란 말이냐? 매사 '밸런스'(Balance)다. 눈치 잘 보고 균형을 맞추어라. 그게 신입사원의 어려움이다. 중요한 건 결정적인 순간에 한 방의 잘난 체를 던지는 것이다. 그리하여 많은 이가 기억하도록.

55

쉴 때도 **일하는 것처럼 쉬어라**

사람이 하루 10시간 정도를 극도로 긴장하며 산다는 것은 불가능에 가깝다. 어제 술을 좀 많이 마셨다거나, 몸 상태가 영 안 좋을 때가 종종 있다. 또한 동료들이 수다를 떨자고 불러내거나, 나 스스로 집중도가 떨어지는 등 매일매일의 회사생활 속에서 긴장을 늦추게 하는 요인들은 수없이 많다. 이럴 때 신입사원들의 반응은 거의 비슷하다. 눈을 게슴츠레 뜨고 아주 지겨운 표정으로 먼 산을 바라본다. 좀 훈련된(?) 사원들은 앉은 상태에서 잠을 자지만 이것도 오래 버티기는 어렵다. 늘 일하는 것처럼 보이기가 쉽지 않다.

중국 고사에 '성동격서'(聲東擊西)라는 말이 있다. 동쪽을 공격

하는 것처럼 소란을 피우고는 정작 서쪽을 공략한다는 뜻이다. 이 말을 음미하며 일하는 것처럼 보이지만 휴식하는 방법을 살펴보자. 상식을 뛰어넘는 연출을 통하여 큰돈 들이지 않고 자신의 해이해진 긴장감을 효과적으로 감출 수 있다. 간략히 몇 가지를 알려 주면 다음과 같다.

첫째, 잡담하러 나갈 때는 업무 수첩을 들고 가라. 멀리서 보면 일하고 있는 것 같다. 둘째, 회의실에서 잡담을 할 때는 꼭 문을 닫아라. 진지한 토론인 줄 안다. 셋째, 화장실 변기 위에서 자고 나면 반드시 물을 내리고 나와라. 그냥 나오면 밖에서 소변보는 사람이 이상하게 생각한다(일이 꼬일 때는 밖에 부서장이 서 있다). 넷째, 회의 시간에도 무엇인가를 끊임없이 종이 위에 써라. 나에게는 한 장의 추상화이지만 너를 바라보는 사람들은 그 열정에 감탄할 것이다. 다섯째, 아예 사우나로 간다. 이때 회사 가까이에 가는 것은 자살 행위에 가깝다. 반드시 회사로부터 버스로 약 2~3정거장 떨어진 곳에 간다. 만약 거기서도 동료나 선배 사원을 만나면 그냥 모른 척하는 것이 예의다. 너나 나나 같은 범법자이므로.

그러나 이러한 전술들은 시간이 지날수록 숨은 제보자에 의해서 신고되며, 부서장은 이를 한 인간에 대한 평가 자료로 활용한다. 그렇다면 휴식에도 정석이 최고다. 이 눈치 저 눈치 보다가 더 피곤해지는 것보다는 그냥 휴가 내는 것이 백번 낫다. 이야기의 초점은 어떤 순간 어떤 상황하에서도 일하는 모습을 보여야 한다는 것이며, 이것도 무한경쟁 구도에서 경쟁력의 하나다.

인맥이란 **안테나이자, 보호막이다**

인맥은 단어에서 풍기는 냄새로 보아 이미 대단한 잠재력을 보여주고 있다. 금맥, 은맥이 아니라 사람으로 그 가치를 연결시키는 것이 인맥이란다. 공식적으로 인맥을 인정하는 조직은 없다. 그렇다고 인맥이 없다고 공언하는 회사도 없다. 서로가 서로에게 연결되어 유기적으로 반응하는 회사 내의 거대한 '보이지 않는 손', 이것이 인맥의 의미다.

인맥의 특징은 첫째, 같은 맥에 속한다는 이유 하나만으로도 맹목적 도움을 준다는 것이다. 같은 학교를 졸업했다고 해서, 같은 고향 친구라고 해서 우리는 눈감고 도와준다. 거꾸로 이야기하면 그 인맥에 속하지 않으면 도움 받기는 아예 틀렸다는 말이다.

둘째, 조직에서 인맥은 안테나다. 나도 모르는 내 인사 문제를 어떤 그룹의 직원들이 다 알고 있다면 놀라겠지만, 이건 종종 일어나는 일이다. 필요한 정보를 제때 얻으려면 안테나를 높이 올려야 한다.

셋째, 인맥은 보호막이다. 누군가가 와서 그 뿌리를 발본색원하지 않는 한 인맥은 살아 숨 쉬는 보호막이다. 내가 없는 곳에서 누군가가 내 편이 되어 준다면 이 얼마나 숨 막히도록 기분 좋은 일일까? 물론 인맥이 구성원들에게 긍정적인 측면만을 보여 주는 것은 아니다. 어느 한 사람의 잘못이 모두의 부주의로 손가락질 받을 수 있고, 이것이 반복되면 인맥 전체가 와해될 수도 있다. 예를 들어 보안을 요하는 중요 사안을 인맥 내에서 유출시켜 다시 조직 내로 흘러갔다면 사람들은 비공식 집단인 인맥을 의심하게 된다. 이런 유의 의심이 반복되면 구성원들의 침몰과 함께 인맥의 와해도 필연적이다.

크게 보면 인맥은 자신의 네트워크를 말한다. 세상일이 어렵고 힘들어 혼자서는 도저히 헤쳐 나갈 수 없을 때 이 인맥은 작동한다. 그리고 맹목적 돌진으로 위험에 빠진 우리의 착한 멤버를 구해 낸다.

사실 이야기가 여기서 끝난다면 권선징악의 아름다운 이야기가 될 것이다. 허나 인맥의 움직임은 그 도를 넘어 적극성을 띠기 시작한다. 근거 없는 소문의 확대 재생산이나 상대방 에이스 저격 등 조직의 생산성에 반하는 활동을 심심치 않게 자행한다.

도가 지나치면 안하무인이 되기 십상이다. 이 단계까지 오면 인맥에 속한 사람들이야 기분 좋지만 그렇지 않은 사람들은 늘 무언가 손해 본 듯한 기분이 든다. 드디어 그들은 인사문제에도 압력을 넣으면서 조직에 금을 내기 시작한다. 그래도 놓을 수 없는 이 특권의 맛은 이미 인맥의 단계를 넘어선 것이다.

57

거짓말은 안 된다, **데이터의 현실화가 있을 뿐**

이순신 장군은 마지막 순간에 "내 죽음을 아무에게도 알리지 마라"고 주위의 군졸들에게 말했다. 화살이 빗발치는 전장 한가운데서 그는 군졸들이 거짓말을 하도록 교사했다. 굳이 죗값을 치르자면 자신의 죽음을 알리지 말라던 이순신 장군이나, 그 명령을 받고 입을 다문 군졸이나 형량은 아마 비슷할 것이다. 그러나 역사 기록 어디에도 이순신이 위와 비슷한 죄목으로 투옥되었다는 말은 없다. 물론 사후에 옥에 집어넣을 수도 없었겠지만.

비유에 좀 무리가 있더라도 이 이야기야말로 역사적으로 알려지고 인정된 조직 내의 거짓말 중 한 예다. 그러나 거짓말의 사전적 의미가 '자신의 이익이나 명예를 위한 것'임을 상기한다면 위의 예도 충분하지 않다. 장군은 자신만의 이익이나 명예를 고려하지는 않았기 때문이다.

그렇다면 현대 기업조직에서의 거짓말은 어떤 것일까? 간단히 이야기하면 조직의 이익이나 명예를 위하여 사실과 다른 사항을 유포하는 행위 정도 될 것이다. 실제로 거대 기업에서는 담당자가 아니면 자세히 알 수 없는 크고 작은 프로젝트들이 많다. 경영층에서 특별한 관심이 없는 한 자금 집행 실적이나 프로젝트 진척도 등을 알기는 어렵다. 아무리 시스템을 강화하더라도 사람의 도움 없이는 전체 그림을 이해하는 데 한계가 있다. 실제로 성취도가 목표에 미치지 못하는 상황하에서, 부서를 대표하여 상부에 보고하다가 전체 그림이 뒤틀릴 경우 발표자는 유혹에 빠진다. 사실대로 말하면 회사가 뒤집힐 것이고, 숫자에 화장을 시키자니 양심이 꺼림칙해진다. 이런 때에 전략적 의사결정이 필요하다.

먼저 보스를 찾아가라. 현재 상황에 대한 그의 의견을 듣고 최대한 숫자에 반영하라. 또 관련 부서의 담당자와 부서장을 찾아가서 숫자를 재검토하는 것도 유용하다. 어떤 경우에도 거짓말은 안 된다. 필요하다면 보스의 조언과 관련 부서의 협조를 통한 데이터뱅크의 재검토가 있을 뿐이다. 그러나 여전히 살아 있는 명백한 논리는 "사업에서 정직은 훌륭한 수단이지만 목표 그 자체는 아니다"라는 명제다. 거짓말이 꼭 필요하다면 가능한 많은 부서로부터 공감대를 얻어라. 한 부서의 주장은 거짓말이 되더라도 여러 부서의 찬성은 '현실적 내용'으로 뒤바뀐다.

아들아! 월급쟁이의 목표는 주어진 범위 안에서 업무를 수행하는 것이다. 주어진 범위라는 것이 다소 가변적이기는 해도, 넘어서서는 안 될 선이 있다. 그 선 안쪽에서는 업무 협조의 형태로 데이터의 수정이 좀더 현실화될 뿐이다. 우리 부서의 영광을 위하여 스스로 테러리스트를 자처하지 마라. 다만 순리에 맞게 주어진 상황을 현실화해라. 최악의 시나리오는 너 혼자 숫자 고치고 들통 나서 잘리는 거다. 되도록 많은 부서의 담당자들과 미리 이야기해서 너의 주장이 이미 공론화되었음을 암시해야 한다. 거짓말은 없다. 단지 데이터의 현실화가 있을 뿐이다. 자나 깨나 회사의 발전을 위하여. 어디선가 많이 듣던 소리 아니냐?

58

아들아,
용기보다는 먼저 힘을 길러라

처음 회사생활을 시작할 때는 자존심과 긍지가 대단했다. 수백 대 1이 넘는다는 경쟁률을 뚫고 원하는 회사에 들어올 때는 하루하루가 감동의 연속이었다. 사장님이 직접 주관하시는 저녁 식사 자리에서도 "우리의 뛰어난 인재"라는 표현을 몇 번이나 하셨다. 그리고 근무 시간 중에도 사장님은 신입사원 모두를 한 명씩 불러서 "회사를 위해 열심히 해보자"고 당부하셨다. 이제 뭔가 굉장한 것이 내 앞에 다가옴을 느낌으로 알 수 있었다. 두 차례의 사장님 당부로 미루어 보아 소문대로 우리 동기가 굉장한 재능의 소유자임이 틀림없나 보다. 이제 부장이나 이사 계급장을 곧 달지 않을까 조바심까지 난다. 괜히 김 과장이 측은해진다.

한 달이 지난 지금 내가 하는 일은 지난주부터 파일에 라벨을 붙이는 일이다. 이 일의 핵심은 앞의 라벨이 뒤의 라벨을 가리면 안 된다는 것이다. 첫 번째 라벨을 파일의 가장 위쪽에 붙이고, 다음 파일에는 첫 번째 라벨만큼 띄어서 해당 라벨을 붙여야 한다. 그래야 앞의 것이 뒤의 것을 가리지 않는다. 이 노하우도 지난주 내내 라벨과 씨름을 하고서 얻은 것이다. 선배 사원들의 "일하냐, 놀고 있냐?"는 소리를 수십 번 들었고, 다 붙인 라벨을 두 번이나 다시 떼어 내고 붙였다.

오늘 아침에는 과장이 폐지를 한 박스 주더니 그냥 버리지 말고 갈아서 버리란다. 라벨 때문에 성질이 난 판에, 폐지로 불을 붙이는 것 같다. 과장이 지나가면서 중요한 서류이니 잘 버리란다. 자리에서 벌떡 일어나 과장이랑 한판 뜨고 가방 싸서 집에 가고 싶다. 이따위 짓 하려고 유학 가서 대학 공부 했나 싶다. 요즈음은 사장님이 주최하는 저녁도 없고 개인적 격려도 없다. 다만 내가 대학 나온 파출부가 아닌가 싶다. 해 뜨는 것이, 그 해를 바라보는 것이 민망하고 부끄럽다. 오늘은 커피 심부름이나 안 시킬지 몰라. 이런 대책 없는 회사에서 인생을 허비할 수 없다는 생각이 든다.

아들아! 대부분의 신입사원에게 한 달쯤 지난 오늘이 첫 번째 고뇌의 시작이다. 세상에서 만나는 거의 모든 시련은 동그란 모양으로 생겨서 피해 도망가면 다시 멀리에서 나타난다. 시련은 몸으로 부딪혀서 이겨 내야 한다. 사무실에서 일어나는 작은 시련들도 그렇게 해결해야 한다. 그리고 조직 사회에서 상급자를 두들겨 패서는 너도 살아남을 수 없다. 그가 시키는 일은 다 해라. 오늘은 참았다가, 어느 날 네게 힘이 생겼을 때 응징하는 수밖에 없다. 힘없는 자의 용기는 만용이다. 용기에 앞서 힘을 길러라. 그리고 모든 일을 긍정적 시각으로 받아들여라. 상급자가 너에게 시킨 라벨 작업은 네가 부서 내의 파일 구조를 이해할 수 있도록 계획된 것이고, 폐지를 묶음으로 준 것은 한번 읽어 보고 버리라는 뜻일 게다. 멀고 긴 여행이 이제 시작된다.

59

패기와 객기를 **반드시 구별해라**

패기의 사전적 의미는 '어떤 어려운 일이라도 해내려는 굳센 기상이나 정신'이지만, 신입사원에게 패기는 일과 싸워서 이기는 용기를 뜻한다.

회사는 하나의 예술품처럼 잘 짜인 조직이다. 이런 조직에서 신입사원 앞에 감당하기 어려운 힘든 일이 벌어졌다면 이 거대한 시스템 중 어느 한 부분이 문제를 일으키고 있다는 말이다. 그래서 어려운 일이 닥치면 혼자서 해결하려 하지 말고 지휘 계통을 따라 상부에 보고하여야 한다. 혼자서 해결하려 들다가 일도 망치고 명예도 실추된다. 신입사원에게 패기는 주어진 일과 싸워서 이기는 용기를 뜻하는 것이지, 모든 어려움을 극복하는 전천후 헬기를 뜻하는 것이 아니다.

종종 패기는 객기와 혼동되기도 한다. 객기는 객쩍은 용기를 뜻하는데, 용기가 힘을 잃어 갈 때 보인다. 패기든 객기든 간에, 자신의 브랜드 이미지를 구축하기 위한 일시적 방편이라면 몰라도 오랜 기간 동안 자신의 주관으로 자리 잡도록 하는 것은 바람직하지 않다. 회사에는 조직이 있고 그곳에는 전문가가 있기 때문이다. 열심히 하는 것은 좋다. 다만 힘에 겨운 일들은 사내 전문가의 도움을 받아야 한다. 내가 할 수 있는 일은 하고 할 수 없는 일에는 다른 사람의 도움을 받는 것이 진정한 의미의 패기일 것이다. 그렇다면 패기는 '업무 분장에 의해 주어진 일과 싸워 이기는 용기'쯤으로 바꾸어야 하지 않을까 싶다.

조직 내에서의 패기는 기존 조직과의 융화를 전제로 하여야 한다. 고장 난 용접기를 맨손으로 고치다가 크게 다쳤다면 이건 패기가 아니라 객기로 보는 것이 옳다. 가끔 중간 경영자들이 조직 융화나 분위기 전환을 위하여 몇몇 사원들의 객기를 이용하기도 하지만, 회사 전체로 볼 때 별 도움이 되지 않는 운영 방식이다. 돈키호테식 패기는 개인의 발전에도 별 도움이 안 된다. 회사 일이란 갑자기 치솟는 힘으로 밀어붙이는 것이 아니라, 자신의 일을 관련 부서와 이야기하며 서로의 생각을 교환해서 결론에 도달해 가는 패스워크 게임 같은 것이다. 그래서 패기는 회사의 전략전술과 맞아떨어지는 범주 내에서 발휘되어야 한다. 그렇게 함으로써 힘이 분산되는 것이 아니라 회사라는 커다란 틀 속에서 순방향의 기여를 하게 되는 것이다.

아들아, 때때로 패기는 덤불을 뚫고 나가는 순간 가속기 같은 것이다. 그래서 그 나가는 방향은 회사가 나가는 방향과 같아야 한다. 그리고 일은 패기에 의해 성취되는 것이 아니라 계획과 추진 능력으로 만들어지는 것이다. 가속 페달을 죽어라고 밟으라는 보스의 명령을 언제나 들을 수는 없다. 그는 가속 페달을 밟는 것이 패기의 실현이라지만, 내가 보기에는 몸 버리는 일이다. 남은 에너지가 한 방울도 없다면 위험한 상태다.

늘 두어 숨 쉴 수 있는 에너지는 남겨 두어야 한다. 더욱 중요한 것은, 패기는 내부적 혁명이지 결코 외부적 과시가 아니라는 점이다. 밖으로 내놓는 과시가 아니라 안으로 다지는 자기성찰 같은 것이다. 그렇다면 패기는 신입사원 때뿐만 아니라 너에게 일이 주어질 때까지 귀한 불씨처럼 간직해야 할 화두 같은 것이다. 다만 그 방향과 실현 방식이 전사적 전략전술과 부합되기만 한다면.

60

동문회,
멀리할 필요는 없지만,
티 내지는 말아라

우리는 교통위반 딱지를 한 장 떼더라도 청와대를 들먹이고, 감기에도 종합병원을 찾는다. 내가 알기로는 종합병원 예약하기가 어려워 초진이면 두세 달을 기다려야 한다는데 전화 한 통에 다음 주 예약을 성사시킨다. 이 무서운 추진력은 어디에서 나오는가? 이른바 인맥에서 시작되는 새치기 문화는 우리 사회 전반에 깔려 있다.

이제 인맥은 협잡이 아니라 실력이다. 세상 좀 편하게 살려면 인맥이 있어야 하고, 같은 값이면, 아니 좀 비싼 값이더라도 우리 측 선수를 밀어 주는 것이 사회생활의 예의가 되었다. 문제는 인맥의 발생 근원이 다소 음성적이라는 것이다. 제도권 내에서 해결할 수 없는 일을 인맥은 해낸다. 일이 진행되고 또 비슷한 일이 반복될수록 구성원 간의 결속은 강화되고 '그들만의 리그'는 자리를 잡아 간다. 그리고 그들의 이중 잣대도 논리의 가면을 쓴다. '내가 하면 협조, 남이 하면 협잡.'

인맥을 떠받치는 몇 개의 기둥 중에서 단연 머리에 떠오르는 것은 동문회다. 아무것도 모르던 어린 시절에 만난 친구들이야말로 모든 것을 펼쳐 놓고 다 보여 줘도 거리낌이 없다. 문제는 반가운 사람을 만나는 자리가 손쉽게 정치 세력화할 수 있다는 것이다. 그들은 가까워지기에 너무나 많은 공통점이 있다. 또한 같은 회사라는 동질감은 그 공통점을 더욱 공고히 한다.

이러한 '인맥'은 초기 단계에서는 보너스가 이번 달에 나오는지, 다음 달에 나오는지 정도의 정보를 퍼뜨리다가, 시간이 흐를수록 점차 굵직한 이슈에 관여한다. 특히 인사 문제에 인맥이 관여하기 시작하면 문제는 복잡해진다. 요직은 모두 다 특정 고등학교나 대학교 출신들이 차지하고 회사 일이 모조리 '그들만의 리그'로 바뀌어 버린다. 회사의 인적 자원과 자본이 회사의 통제 밖에서 노는 것이다. 중요한 인사 문제도 그곳에서 결정이 나면 실제로도 크게 빗나가지 않는다. 동문회에 참석하는 인물이 인사위원회에도 참석하니 당연한 일이라 하겠다. 사조직화되어 가는 동문회는 음성적으로 중요한 의사결정에 관여하며 그 영향력을 넓혀 간다. 회사 입장에서는 곤혹스러운 일이다. 이게 회사가 동문회를 싫어하는 이유 중 하나다.

아들아! 고인 물은 썩기 마련이고 꽃은 시들기 마련이다. 공인

받지 못한 조직에서 빵 부스러기 얻어먹는 일이 얼마나 부질없는 짓인지는 동서고금의 역사적 사실들이 말해 준다. 인맥의 발굴이라는 명제에서 시작하는 동문회를 굳이 멀리할 필요는 없다. 그러나 그 친교의 방향이 정치 성향을 띤다면 참석 빈도를 낮추어 가는 것이 좋다. 가능하면 같은 동문들끼리 모여서 밥 먹지 말고 동문회 모임은 기록으로 남기지 마라. 굴러다니는 소문을 보고 장황한 해설을 삼가야 할 것이며 회사의 소식통으로 자리매김 하지도 마라. 둥글둥글 살아라. 너는 사업가도 학자도 아닌 월급쟁이임을 다시 한 번 일러 준다. 확신이 서지 않으면 앞장서지 마라. 특히 네가 회사에서 공식적으로 부여받은 임무가 아니라면 더욱 신중할 필요가 있다. 회사는 통제할 수 없는 자원은 환영하지 않는다. 그건 마치 고장 난 시한폭탄이 가장 무서운 무기라는 말과 같다.

61 동료와의 관계는 **불가근불가원이다**

재수 없는 이야기인지 몰라도 일세를 풍미한 사람들 중에 측근에게 암살당한 사람이 많다. 브루투스에게 암살당한 시저, 김재규에게 살해당한 박정희 대통령 등. 이들은 모두 요즘 말로 직장 동료의 손에 유명을 달리한 경우다. 정기적인 유대강화 프로그램이나 일을 같이하며 쌓은 동료애도 자신의 욕심을 채우기 위한 행동 앞에서는 별 걸림돌이 될 수 없음을 익히 보아 왔다.

'열 길 물속은 알아도 한 길 사람 속은 모른다'는 말처럼, 다 커서 만난 사람들끼리 털어놓는 다짐과 맹세들에 무슨 대단한 신뢰와 가슴 저미는 애틋함이 있겠는가? 하지만 이런 절대 신뢰의 부족 속에서도, 가장 큰 딜레마는 우리는 어쩔 수 없이 직장 동료와 부대끼고 서로 격려하며 하루해를 살아 내야 한다는 것이다.

그러나 이런 현상은 조금만 생각해도 당연한 일이다. 초등학교와 중고등학교 12년을 통틀어 다른 사람을 사랑하라는, 혹은 신뢰하라는 교육을 체계적으로 받은 기억이 없다. 다만 사지선다의 틀에서 틀린 것을 찾아내는 훈련을 집중적으로 받았을 뿐이다.

다시 회사에서 경쟁이야말로 일상 업무의 기본 틀임을 교육받은 후, 모든 것이 숫자로 나타난다. 숫자는 인격이다. 영업실적이 그렇고, 고과점수가 그렇고, 시장점유율이 그렇다. 이 일목요연하고 체계적인 숫자의 세계에서 신뢰와 사랑이 들어갈 자리는 제한적이다. 하지만 그렇지 않은 것처럼 생각하고 행동하는 것이 그 위에 다시 요구되는 덕목이다. 경쟁자인 동료를 미워하다가 일이 주어지면 다시 상호신뢰의 동업자 자세로 돌아가는 이중성이야말로 회사 동료들을 대할 때의 기본자세다.

어찌 동료뿐이랴. 상사와 아랫사람들을 대할 때도 철저히 이중적이어야 한다. 신뢰를 요구하든, 나아가서 사랑을 요구하든 그 요구에 부응하라. 너는 정치가가 되어야 한다. 다중의 요구에 부응하여 그 공통의 합의를 도출해 내는 것, 그게 정치라면 너는 틀림없는 정치가다. 회사 동료들이 평가하는 너는 언제나 유연하고 긍정적인 인물이어야 한다. 그 반대의 인물은 일과 후 친구들과의 술자리에서 혹은 식구들과의 식사 자리에서나 나타나게 하라. 너를 둘로 나누어 적절히 연출하지 않으면 생존 확률이 낮아진다. 아들아, 성공한다고 행복해지는 게 아니다.

아들아! 회사 동료 간의 관계는 '불가근불가원'이 가장 적절한 덕목이다. 너무 가까워지면 상대방이 부담스러워 하고, 너무 멀어지면 더 이상 우리 편이 아닌 것이 된다. 이 딜레마를 극복하기 위해서는 각각의 개인에 대해 최적의 거리를 찾아야 한다. 대인 관계는 정치를 필연적으로 수반하게 된다. 정치를 더 이상 나쁜 의미로 생각하지 마라. 여러 사람 간의 부조화를 조화롭게 하는 것, 이게 정치다. 네가 하기 싫어도, 웃기 싫어도, 먹기 싫어도, 너의 희생이 여러 사람을 조화롭게 한다면 그게 훌륭한 처세술이다. 꼭 욕을 하고 싶으면 회사 밖에서 친구랑, 엄마랑 해라. 이 규칙을 어기면, 최악의 경우에는 너의 목소리가 화재경보기에 붙어 있는 마이크를 타고 총무부장의 책상으로 바로 날아가는 수도 있음을 기억해라. 적어도 욕을 할 때는 전화기가 잘 꺼졌나 확인하는 예의는 지키길 바란다. 서로 간에 튀지 않는 예의로 일정한 거리를 유지하는 것, 이게 바로 동료와 함께 일할 때의 바른 자세라 생각한다.

아들아,
평가받는 것을 즐겨라!

첫 출근, 첫 회식, 첫 대면. '첫' 자가 붙은 행사가 끝나면 제법 회사 일과 부서 일에 일가견이 있는 것 같은 착각이 든다. 그러나 게임은 이제 시작이다. 이 싸움의 교전 수칙은 간단하다. 적은 완전무장 상태이고 나는 나무 막대기 하나를 들고 있다. 공격은 불가능하다. 그러므로 자세를 낮추어야 한다. 적의 약점 파악이나 전술적 조치는 별 의미가 없다. 낮춰야 산다. 네가 이 관문을 통과하는 유일한 방법이 이것이다.

이런 '간 보기' 행사에는 업무 내·외적인 영역이 동원된다. 예를 들어 창사 이래로 풀지 못하는 수수께끼 같은 문제점들이나 시장의 메커니즘 같은 좀 광대하고도 답이 명확하지 않은 문제들이 간 보기 행사에 동원된다. 기존 사원 입장에서는 사원의 특징이나 경쟁력을 빨리 파악하여 부서의 생산성을 향상시키고자 하는 것이 '간 보기'의 목적이다.

너의 입장에서는 네가 가진 재능이 부서가 요구하는 것과 잘 맞아떨어짐을 보여 주어야 한다. 간 보기는 꼭 거쳐야 할 통과의례 같은 것이다. 대체로 간 보기는 프로젝트의 형태로 주어지며 주어진 시간 안에 결론을 도출해야 한다. 특별히 간 보기 행사가 마련되지 않더라도 업무지시를 통하여 자연스럽게 행사(?)가 진행될 수도 있다. 어쨌든 신입사원들은 일을 통하여 경쟁력을 평가받는 첫 번째 고개를 넘게 된다.

내가 27년 전에 받은 간 보기 행사의 테마는 쿨링타워의 최적 운영 방안이었다. 쿨링타워란 집채만 한 냉각기인데 위로는 물이 떨어지고 밑으로는 공기를 강제 순환시켜 물의 증발 잠열로 시스템 전체의 온도를 떨어뜨리는 공장설비 중 하나다. 이런 설비가 공장 전체에 약 10여 기가 있었다. 문제는 공정수의 온도가 상승하여 조업에 지장을 준다는 것이다. 문제 해결을 위해서 문제가 무엇인지 알아야 했다. 먼저 타워의 도면을 갖다 놓고 문제 발생 예상지점을 골라 냈다. 현장 직원들과의 열띤 토론이 큰 도움이 되었다. 약 일주일의 고민 끝에 문제는 공정수의 양이 너무 많은 것이라는 결론에 이르렀다. 공정수 양을 줄인 후 전체 공정은 정상을 되찾았고 물론 나의 숙제도 끝이 났다.

아들아! 회사에서는 늘 서로가 서로를 평가한다. 이것이 지겹거나 짜증 난다면 그때가 그만둘 때다. 평가받는 것을 즐겨라.

그렇다고 동료들을 미워하지는 마라. 그들이야말로 너의 건강한 평가를 받쳐 주는 들러리가 아니냐. 일생의 평가가 모두 중요하겠지만 특히 처음 몇 달이 중요하다. 너의 브랜드 이미지가 틀을 굳히기 전에는 쓸데없는 행동이나 계산에 없는 돌발 발언은 삼갈 일이다.

신입사원 길들이기는 **하나의 통과의례다**

어디든지 수컷들이 모인 장소에서는 그들만의 기준으로 서열을 정한다. 동물들에게는 힘이 그 기준이 될 것이고 사람에게는 나이에 따라 기준이 달라질 것이다. 20대에는 대학이 서열의 기준이 되고, 30대에는 회사가, 40대에는 가진 돈이, 50대에는 자식이 그 기준이 된다. 이 이론이 어디에나 딱 떨어지게 적용될 수는 없더라도, 주는 교훈은 명쾌하다. 우리는 항상 우리가 가진 것을 과시하고 그것을 통하여 집단 내의 우위를 점하려 한다는 것이다.

회사라는 집단 내에도 공식·비공식으로 신입사원의 자리매김 과정이 있다. 공식적인 과정은 전사적으로 이루어지는 신입사원 환영회 등을 들 수 있겠다. 신입사원을 고뇌하게 만들고 심지어 퇴사를 생각하도록 만드는 과정은 비공식적인 것이다. 이른바 '신입사원 길들이기'로 불리는 이 비공식적 과정은 과 혹은 부서 단위로 이루어진다.

내용은 주로 사무실 내에서 공식화할 수 없는 아주 포괄적인 주제를 담고 있다. 예를 들어 회식 장소는 어디로 할 것인지, 이번 부서 야유회는 어떤 구조로 끌어갈 것인지, 심지어 회식 장소에 누가 먼저 가서 자리를 정리할지 등의 소소한 일까지도 포함한다. 어떤 경우는 불판의 고기를 누가 뒤집는지를 사전에 정하기도 한다.

미국 대학 학위를 가지고 토익 만점을 받아도 새로운 조직에 들어오면 밑에서부터 박박 기는 거다. 그러나 이른바 엘리트 계급 신입사원들은 이런 지시를 못 견딘다. 그리고 은근히 반항한다. 그건 바보 같은 짓이다. 그 단계에서 반항하면 다음 단계가 기다린다. 흔히 쓰는 술 먹이기다. 선임 중에서 술을 잘 마시는 사람을 골라 게임을 하며 벌주를 마시게 한다. 이 반항하는 멍청이가 정상적 인간이 될 때까지 선배 사원들의 힘겨운 노력은 계속된다. 이 여린 신입사원들이 그들의 자리가 제일 꼬리에 위치해 있음을 가슴 깊이 새길 때까지 온갖 잡다한 방법이 동원될 것이다. 선임들은 그들의 노력이 아무 소용없을 때 '적응 불가'라는 꼬리표를 붙여 주고 신입은 이제 집으로 가게 된다. 너의 인생을 그렇게 끝낼 수는 없다.

아들아! 신입사원 길들이기는 하나의 통과의례다. 그건 맞고

틀리고가 없다. 이전부터 있어 왔고 앞으로도 있을 것이다. 허드렛일을 시키면 그냥 자원 봉사한다고 생각해라. 그리고 너의 자리가 꼬리에 있음을 몸과 마음으로 인정해라. 너는 이제 회사라는 거대한 조직의 한 세포임을 잊지 마라. 너 하나쯤은 없어도 눈 하나 깜짝 않을 공룡의 말단 세포임을 잊지 마라. 앞으로의 인생에서는 너와 다른 사람과의 차별화에 힘을 쏟아야 한다. 독보적 인재로 평가받지 못하면 너는 다음 단계에서도 '길들이기'의 대상으로 남을 게다. 큰 칼을 가슴에 품고 얼굴로는 웃어라.

회사를 그만두고 싶을 땐, **무조건 대화를 해라**

회사는 돈을 벌기 위한 법인체이며, 종업원은 회사의 이익을 높이기 위해 기여한 대가로 급여를 지급 받는다. 자본주의의 꽃이 기업이라면 종업원은 잎에 해당될라나? 좌우지간 종업원에 대한 이러한 정의가 맞다면 사실 돈만 주면 모든 것이 오케이라야 맞다. 그러나 돈이 종업원을 흡입하는 기간은 길어야 3년이다. 월급 인상도 마찬가지다. 인상 첫 달은 구름 위에 앉은 기분이나 시간이 지날수록 기쁨은 급속히 반감되어 곧 시들해진다. 드문 경우이기는 하지만 심지어는 급격한 봉급 인상 자체를 불안해하는 사람도 있다. 회사 정책상 더 이상 인상 여력이 없으면 자신을 곧 해고할지도 모른다는 논리다. 이런 사람에게는 오히려 급격한 월급 인상이 독이 된다. 그렇다면 회사를 떠나는 결정적 이유는 무엇일까? 내 경험상 결정적 이유는 없다. 굳이 설명하자면 복합적 이유라고나 할까?

첫 번째 가능성은 비전의 부재다. 특히 구성원들이 공유할 비전이 없으면 조직 전체가 방향을 잃고 헤매게 된다. 이때 종업원은 회사에 대한 충성도를 잃어 회사를 떠난다. 한 사람이 가진 것을 꿈이라 한다면 여러 사람이 공유하는 꿈은 비전이다. 꿈은 미래다. 미래가 없이는 희망도 없다. 이 희망 없음의 무료함이 종업원들을 밖으로 밀어낸다.

두 번째 가능성은 사내 인간관계다. 정상적인 회사라면 하루 근무 시간은 8시간이다. 출퇴근 시간을 포함하면 하루의 절반이며, 자는 시간을 빼고 나면 하루의 약 80~90퍼센트를 회사에서 보낸다. 이렇게 오랜 시간을 같이 보내는 사람들 간에 알력이나 분쟁이 생긴다면 당사자뿐만 아니라 주위 사람들에게도 고통스러운 일이다. 누가 옳고 그름을 떠나 오랜 기간 이런 불안정한 상황이 계속되면 부서장은 당사자들이 원하는 부서로 옮겨 주어야 한다. 이런 조치들이 성공적이지 못할 때 종업원들의 생산성은 급격히 떨어지게 된다.

앞에서 본 바와 같이 회사를 떠나려는 종업원들에게 중요한 평가 요소는 자신의 비전과 사내 인간관계다. 물론 돈도 중요하지만 우리가 아는 만큼 결정적 요소는 아니다. 원인은 복합적이다. 그러나 분명한 것은 돈 하나가 결정적 요인이 될 수는 없다는 점이다. 결정적인 답이 없는 경우 늘 나오는 대답이 있다. '대화'다. 진심으로 그리고 정기적으로 나누는 대화는 사람들 간의 소통을 원활하게 하여 문제를 당장 해결하지는 못해도 적어도 문제가 무엇인지는 알도록 해준다.

회사를 떠나는 이유는 복합적이다. 그래서 우리는 대화가 필요하다. 그것은 우리를 문제의 본질로 데려다 주며 떠날 사람은 빨리 떠나게 하고 더 있을 사람은 더 있게 한다. 비가 추적거리는 금요일 오후 보스의 방을 노크해라. 그리고 그의 비전을 들어봐라. 아니면 네가 가진 어려움을 차분히 펼쳐 놓든지. 다만 조심할 것은 오만소리 다 하다가 뒷덜미 잡히지는 말고.

65

해외 파견, **모든 것을 의심해 봐라**

월급쟁이 한 30년 하다 보니 책상 앞에 앉은 시간보다 비행기 탑승 시간이 더 길었지 싶다. 정체성도 혼란스러워 조국이 외국 같고 외국이 조국 같다. 아시아 지역은 내가 다 아는 것 같고 그에 속한 사람들도 내가 다 파악한 것으로 잘못 이해하고 있다. 아이들과 집사람도 은근히 외국 생활을 바라는 눈치다. 주위 사람 모두가 원한다. 이제 파견근무 명령만 나오면 모든 것이 떠나기에 최적의 조건이다. 이것이 해외 파견에 대한 구름 잡는 분석의 대표적 수순이다.

그러나 과연 모든 것이 순조로울까? 먼저 아이들은 영어 실력이 대부분 한국의 학원 영어 수준임을 감안하면 영어의 벽 때문에 친구 사귀기가 힘들다. 중학교나 고등학교를 다니면서 사귄 친구를 한국에 두고 힘든 영어로 다시 친구를 사귀는 것은 아이들에게는 거의 인생을 다시 사는 것 같은 기분이다. 준비된 유학도 아니고 아빠 따라 가벼운 기분으로 왔다가 완전히 뒤통수 맞은 기분이다. 다행히 아이들이 고비를 잘 넘기면 좋겠으나 간혹 한국으로 돌아가는 경우가 있다. 이런 점도 의사결정에 반영되어야 한다.

집사람도 마찬가지다. 언어 장벽 때문에 친구를 사귀기가 힘이 들어, 쉬운 방법을 찾는 것이 인지상정인지라 늘 한국 아줌마들끼리 한인 교회나 한국 식당에 몰려다니게 된다. 그러다 보면 현지인과의 접촉은 점점 어려워지고 내 조국 대한민국만 생각한다. 심지어 운전면허도 비행기 타고 한국에 와서 매년 국제면허로 바꾸어 가는 것을 보았다.

식구들은 그렇다 치고 너 자신은 어떤지를 생각해 봤는지가 궁금하다. 그저 피 끓는 용기 하나로 태극기 들고 떠나는 것은 아닌지, 혹은 가족들 성화에 밀려 가는지. 무엇보다도 파견 근무에서 돌아오면 너의 경쟁력이 향상되어 있을까 하는 것이 가장 큰 물음이다. 갔다 와서도 지금의 문제점을 그대로 갖고 있을 것이 예상된다면 안 가는 것이 낫다. 또한 최근에 대두되는 문제는 계약 기간이 끝난 후 한국으로 돌아올 수 있는가 하는 점이다. 이것은 해외 근무자가 많아졌기 때문만이 아니라 한국에 있을 너의 인맥과도 관련이 있다. 자리가 하나라도 한국 내 너의 인맥이 튼튼하다면 너는 돌아온다. 실력이 그 결정을 좌우한다고 말하지만 다 구름 잡는 소리다. 그 또래의 직원들 실력을 무슨 수로 측정할 것인지 정말 궁금하다.

해외 파견 근무는 너의 인생에 꽃밭이 아니라 비바람 치는 도전이다. 모든 조건들을 의심의 눈초리로 분석하고 그 결과가 너의 기대와 부합하는지 평가해 보아야 한다. 마침내 너의 고심에 찬 결정이 'Go'라면, 이제 준비 작업에 총력을 기울여야 한다.

일의 우선순위는 단연코 아이들 학교다. 학교에 자리가 비었는지, 학교의 수준은 어떤지, 집과의 거리는 가까운지 등의 정보를 수집하여야 한다. 학교를 찾아가서 먼저 이야기를 시작해 보는 것도 효과적이다. 특히 학교는 내가 설친다고 일이 되는 것이 아니기 때문에 미리미리 챙겨 놓는 것이 필요하다.

그 다음 순위는 주택 문제다. 원하는 집은 보통 팔려 버리고, 마음에 들면 예산 초과다. 집 보러 가서 늘 겪는 일이다. 그냥 둘러보지 말고 카메라와 메모장을 가져가서 기록해 두었다가 호텔로 돌아와서 복습하는 것도 좋은 방법이다.

일단 학교와 집이 해결되고 나면 집안 식구들이 편안해진다. 그러면 이제 너만의 전쟁을 시작할 때다. 고국을 떠나 맞이하는 그대의 전선에 승리의 깃발을 보낸다. 모두와 싸워서 이기든지 아니면 그들 모두를 내 편으로 만들든지. 어쨌든 그날까지 안녕하길.

후계자 양성 풀에 들어간다는 것, **희생을 담보하는 것이다**

사람은 머물렀다 떠나지만 기업은 영속한다. 그러므로 훌륭한 리더를 발굴하고 훈련시켜 자신의 뒤를 잇게 하는 것이 현직 사장의 커다란 목표 중 하나다. 대부분의 기업은 인재 풀을 가지고 있다. 일정 자격을 갖춘 인재들을 평소에 훈련시켜 두었다가 필요한 경우 서두르지 않고 인선을 끝낼 수 있다.

인재 풀에 들어갈 기준이나 조건은 회사마다 다르지만 반드시 요구하는 두 가지 대표적 덕목이 있다. 첫째로 돈을 잘 벌어야 하고, 둘째로 그 기업의 문화를 계승 발전시킬 수 있어야 한다. 돈 잘 버는 것은 기본이고 뭔가 풍기는 게 달라야 한다는 것이다.

다른 제도처럼 이 인재 풀도 정실 인사에 휘말려 자신의 계파나 인맥의 소굴로 전락할 소지가 있다. 그러나 매니저들이 매년 정기적으로 토론하여 일정 수의 후보자를 들어내고 또 더하는 작업을 계속하므로 개인적으로 영향력을 행사할 소지가 적다.

어느 회사든 인재 풀에 들어가는 기준은 잠재력이다. 지금의 능력보다 얼마나 더 성장할 수 있는가가 평가의 관건이다. 잠재력의 구조 속에서 기업가 정신과 기업의 문화를 이해하는 인재를 뽑겠다는 말이다. 그러나 모든 사람이 잠재력을 알아보는 것이 아니다. 결론적으로 성골이 성골을 알아본다. 자신을 지지하는 사람이 없으면 능력에 관계없이 선택되지 않을 수 있다. 하지만 올해 풀에 들어가지 못했다고, 한 해 고배를 마셨다고 슬퍼 마라. 기회는 내년에도, 또 그 후에도 오니까. 물론 나를 알아보는 선지자와 함께.

후계자 양성 풀에 들어간다는 것은 자신의 희생을 담보하는 것이다. 회사를 위해서 일요일을 반납할 수 있고, 아무도 맡기 싫어하는 프로젝트를 내가 한다는 다짐. 언제가 될지 모르는 그 자리를 위하여 마음 졸이며 기다리는 마음. 이런 것들이 모여 후계자의 하루를 시작한다. 이런 유의 인재 풀에는 안전장치가 없다. 그건 높은 직위일수록 정도가 심한데, 동기생이 후계자로 가면 같은 풀에 있는 사람들은 경력 관리가 중단되기 쉽다. 쉽게 말해서 동기가 사장 된다고 네가 부사장 되는 것이 아니라는 말이다.

자, 아들아! 쉽고 편한 길을 가든 아니든 선택은 너의 것이다. 굳이 내게 묻는다면 나는 내 아들이 어렵고 힘든 길을 가지 않았으면 한다. 부(富)를 겨냥했으면 사업을 택해야 했고 명예를 원했으면 정치의 길로 나섰어야 했다. 네가 월급쟁이의 길을 택한 것은 마음 편한 중산층의 삶을 원했기 때문이다. 굳이 힘들여 살지 마라. 끝까지만 간다면 중간이 최고다.

67

임원으로서의 이직은 **철새나 마찬가지다**

내가 임원으로서 회사를 옮긴 때가 2005년이니까 나이로 45세 되던 해였다. 내가 새로운 회사의 직원들을 만나서 처음으로 느낀 것은 이들과 내가 아주 얇은 막을 사이에 두고 있다는 것이었다. 그들은 일상생활에서는 늘 의기투합하다가도 결정적인 순간에는 등을 돌렸다. 팀원들 각자가 나름대로의 보고 라인이 있어서 중요한 의사결정은 그쪽의 지시를 받는 것 같았다. 이해할 수 있었다. 그들도 오늘까지 살아남기 위해서 그들만의 인맥을 구축해야 했을 것이다.

내 사람이 없었다. 15년이나 다닌 지난번 회사에서는 아침에 가면 비서가 그 전날 회사 뉴스를 빠짐없이 알려 주고 자신의 논평까지 덧붙였다. 이 정도의 서비스는 당연하다고 봤다. 하지만 당연하다고 여겼던 수많은 것들이 여기서는 당연하지 않았다. 발표 자료를 직접 만들어야 했으며 모든 출장을 스스로 기획하고 체크해야 했다. 철저한 분업 개념으로 미국회사에서 훈련받은 나로서는 적응하기 힘든 환경의 변화였다. 인맥은 전무했고 시스템은 새로웠으며 내 사람은 없었다. 이것이 45세에 옮긴 새 회사의 첫인상이다. 한마디로 내가 2005년도에 경험한 '임원으로서의 이직'은 실패작이었다.

물론 셀 수 없는 이유를 댈 수가 있지만 몇 가지 대표적인 실패 요인을 살펴보면 첫째, 사람들은 30~40대를 헌신 속에서 보낸 사람들을 진정한 전우로 생각한다. 그 사이 왔다 갔다 하는 사람들은 철새로 여겨서 마음을 잘 열지 않는다. 그래서 40대 임원에게는 내 사람이 없다. 따라서 회사를 옮기는 최적기는 30대 초반이다. 그때를 놓치면 50대 이후에 사장 자리나 넘보는 게 맞다. 나는 이 룰을 어기고 대표적 철새로 자리매김하여 '진정한 전우'로부터 눈 흘김을 받았다.

둘째, 인터뷰할 때 들었던 말을 너무 과신했다. 5명으로 구성된 채용위원회가 제시한 조건은 #2 포지션이었다. 물론 '몇 년이 지나서'라는 단서가 붙기는 했지만. 그러나 5명의 위원들은 그 몇 년 안에 모두 회사를 떠나고 내가 불만을 토로할 대상조차 없어져 버렸다. 정말 황당한 기분이었다. 인터뷰 당시의 약속들은 반드시 계약서에 쓰든지 아니면 믿지 말든지 해야 한다. 배 떠난 뒤에 손 흔들어 봐야 다 헛일이다. 아 다르고 어 다르다는데, 1장의 문서가 수천 마디 말보다 낫다.

셋째, 내가 다니던 회사와 새로운 회사 간의 이질적 문화를 간과하였다. 프로젝트를 수행하거나 심지어 회의를 진행하는 방법조차 달랐다. 어떤 때는 우스운 농담이라고 던졌는데 아무도 웃지 않아서 혼자서 겸연쩍어 했다. 지난번 회사에서 들은 칭찬과 명성이 다 쓸데없는 소리로 변해 감을 느꼈다.

주위 환경이 변했고, 나를 지지하는 사람이 없고, 의사결정의 주도권이 다른 사람에게 넘어갔다면 드디어 인생은 꼬이기 시작한 거다. 여기서 또 판을 뒤집을 수 있는 요인은 이른바 아시아 본부의 존재인데, 이들로부터 지지를 받는다면 게임의 양상은 달라질 수 있다. 그러나 여기도 신입사원 시절부터 뼈를 묻어온 사람들이 진을 치고 있어서 내가 낄 공간이 없었다.

판이 이 정도로 굴러가면 한국의 경영진도 등을 돌리기 시작한다. 한 달에 한 번 하는 월례회의에서 내가 하는 발표에는 질문이 쏟아진다. 누가 시키지도 않는데 입에 거품을 문다. 이런 식의 조직적 저항이 계속되다 보면 사람이 주눅이 든다. 한술 더 떠서 고위 경영진이 교통정리 없이 그냥 잘한다는 눈빛을 보내면 회의실은 난투극장으로 변한다. 매월 하는 회의를 이런 식으로 해보면 사람이 무기력해진다. '이제부터는 버티기다'라는 생각이 든다. 이 싸움이 얼마나 갈지 모르지만. 그리고 또 생각한다. 내 편이 한 명만 있어도 좋겠다고….

68

아빠가 사장이 되지 못한 이유, **순진했기 때문이다**

내가 일했던 회사에서 사장이 되지 못한 이유보다 사장이 되기 위해 꼭 필요한 것이 무엇인지 따져 보자. 이른바 실력이나 경쟁력은 후보자들 간에 비슷하다 치고 그 외의 요인들에 대해 생각해 보면 첫째, 인맥이다. 국내나 국외에서 그 사람이 적임자라는 공감대가 형성되어야 한다.

둘째, 보스에 대한 충성심이다. 보스 입장에서 뭘 시켜도 해낼 수 있다는 확신을 줘야 한다. 실제로 바람에 휘날리는 여자 보스의 머리카락을 잠재우기 위해 50대 남자 임원이 머리띠를 사다 바친 일도 있다.

셋째, 대중의 지지 확보다. 이건 동호회 활동이나 스포츠를 통하여 얻을 수 있는데, 흔히 골프나 테니스 등 교재가 가능한 종목이어야 한다. 모두가 사람과 관련된 일이거니와 시간이 많이 걸리는 일이다.

그러면 나의 경쟁력은 무엇인가? 첫째, 미국식 토론 방식이다. 어떤 이슈가 생기면 그걸 오픈해 합의에 이르게 하는 토론 방식이다. 문제의 초기 진화에 아주 효과적이다. 또 이 방식의 좋은 점은 한 단계 위의 문제점도 토론 중에 도출할 수 있다는 점이다.

둘째, 마케팅적 접근이다. 마케팅 기술은 두 번째 회사 후반부에서 좀 쓰였고 전반부에는 별 볼 일 없는 개념으로 취급받았으니 전체적으로 나의 경쟁력은 별로 좋은 평가를 받지 못했다.

셋째, 나는 사실 스포츠나 동호회보다는 혼자 생각하기를 즐겼는데, 이것은 미국회사에서는 신중한 것으로 평가되었으나 새 회사에서는 사장이 되는 길과 거리를 두는 요인이었다. 특히 마케팅은 지역 본부의 고유 업무라 여겨 경계하는 눈치였다.

자, 한번 생각해 보자. 내 사람이 없고 내 일하는 방식이 좋은 평가를 받지 못한다면 이미 게임은 끝난 거다. 설상가상으로 당시 채용위원회에서는 내가 채용만 되면 수년 이내에 사장을 시켜 주겠다는 약속을 했으나 약속한 임원, 사장, 회장이 모두 회사를 떠났다. 이제는 비빌 언덕도 없어졌다. 그리고 내가 해외주재에서 돌아와서 받은 일이 내가 회사에서는 처음 보는 제품이었다. 그렇게 생소한 일을 한 10년씩 경험한 내부 직원들과 함께 경쟁하며 하는 것은 무리였다. 거대한 바퀴가 순서에 맞춰 굴러가는 느낌이었다. 이 모든 것들을 돌이켜보건대 아들아, 내가 사장이 되지 못한 이유는 그 조직이 원하는 경쟁력을 조기에 파악하지 못하고 단순히 채용위원회의 제한된 정보에 기대어 살았기 때문이다. 참으로 순진한 한여름 밤의 꿈같은….

69

확신이 없으면,
장기전은 피해라

아들아, 가끔 TV에 보이는 사자나 호랑이의 모습을 기억하는지 모르겠다. 보통 때는 나무 그늘이나 바위 위에서 세상 다 산 것 같은 권태로운 표정으로 하품을 입이 찢어져라 해댄다. 저게 모든 동물의 대장인가 싶을 정도로 한심한 생각이 든다. 그러나 목표가 눈앞에 나타나면 그 육중한 몸을 고양이처럼 움직여 목표에 접근한다. 목표가 아닌 동물에게는 하품을, 목표인 동물에게는 죽음을 선사한다.

맹수뿐만 아니라 다른 동물들도 싸움을 하지 않을 때는 긴장하지 않는다. 그들은 상대방에게 보낼 결정적 한 방을 위하여 평소 때는 느긋함을 유지하는 것이다. 창조주는 각자의 생명체에게 각기 다른 경쟁력을 주었다. 상어에게는 이빨을, 독수리에게는 발톱을, 개구리에게는 피부색을 변화시킬 수 있는 능력을 주었다. 각자가 할 일은 우선 자신의 무기인 경쟁력을 파악하여 자신의 위치를 이해하는 것이다. 개구리 같은 동물은 태어날 때부터 수비형 동물이다. 이런 동물은 공격할 때는 스스로 다시 한 번 생각해 보아야 한다. 개구리 주제에 공격이 가능한지?

어쨌든 싸움이란 싸우지 않고 이기는 것이 가장 지혜롭다고 했다. 그런 점에서 보면 동물들이 사람보다 더 낫다. 대부분의 동물은 자기보다 더 센 놈이 오면 그냥 피한다. 이미 서로의 경쟁력을 익히 알기 때문이다. 해도 안 되는 싸움은 아무리 끝까지 달려들어도 승부가 쉽사리 뒤집히지는 않는다. 토끼 1천 마리가 호랑이 한 마리를 이겼다는 이야기는 들은 적이 없다. 그러나 사람은 되지도 않을 싸움에 승부를 건다.

아들아, 회사도 크게 다를 게 없다. 싸움은 피하는 게 최고지만, 꼭 해야 한다면 경쟁력을 따져 봐야 한다. 싸움은 찰나에 끝내라. 그리고 자신의 확신이 없으면 물고 늘어지는 장기전은 위험하다. 안 되는 프로젝트 10개 해봐야 고물상 주인이라는 소리나 듣지만, 몇 푼 안 되도 쌈박한 프로젝트 매달 새로 하는 것이 훨씬 낫다. 열심히 하는 것 다 좋지만 유전자의 한계는 벗어날 수 없다. 물고 늘어지는 네가 사람들 눈에는 까부는 개구리일지도 모른다. 일이 꼬이고 장기화될 때는 발을 빼라. 꼭 누군가가 그 일을 맡아서 해야 한다면, 좋다. 그러나 그 사람이 너일 필요는 없다. 회사는 도덕 교과서를 찍는 곳이 아니기 때문이다.

무슨 일이든 그 사람에게 가면 순조롭게 이루어진다고 알려져야 한다. 그게 질기다는 평보다 훨씬 낫다. 모든 일을 끝까지 물고 늘어지지 마라. 먼저 되는 일부터 하고 일단 위로 중간보고를 해라. 그 다음에 안 되는 일에 대해 대책을 수립해라. 일의 해결을 위해 영향력 있는 선배들을 되도록 많이 끌어들여라. 안 되는 일은 가능하면 공범의 숫자를 늘리고 미리미리 안 되는 이유를 회사에 떠벌리고 다녀야 한다.

너만의 **브랜드를 가져라**

이쯤 되면 스스로에게 한마디의 칭찬을 해줄 때다. 그 수많은 경쟁과 통과의례를 마치고 이제 우뚝 선 모습으로 먼 곳을 바라보는 의젓함은 위압감마저 느끼게 한다. 이리저리 쓸려 다니며, 새로운 인물들과 친해지려고 자신을 벗어던지고 '하나로 하나로'를 외쳐 왔다. 많은 것들이 처음이었다. 첫 회식, 첫 인사, 첫 문제, 첫 보고. 제법 많은 시간을 보냈지만 아직 처음의 그날처럼 모든 것이 서먹하다. 아니다, 그 탱글거리는 호기심이 빠진 자리에 오히려 주름만 쪼글거리고 있다.

기왕 나선 길, 이제는 돌이킬 수 없다. 우선 수많은 '첫' 행사를 통해 배운 회사의 방향을 생각해서 자신의 장단기 목표를 수립하는 것이 필요하다.

가장 행복한 월급쟁이는 자신의 꿈과 회사의 꿈을 일치시키는 사람이다. 꿈의 일치 작업이 끝나면, 자신의 브랜드를 가져야 한다. 예를 들어 '무엇이든 해내는 사람' 혹은 '인맥이 풍성한 사람' 등 자신의 긍정적 브랜드를 활용하여 목표 성취의 디딤돌로 삼아야 한다.

또 무슨 일이든지 긍정적으로 생각해라. 옆에서 누군가가 갈군다면 그건 너에 대한 관심이라 생각해라. 모든 현상을 '반밖에 남지 않은 물'이 아니라 '반이나 남은 물'로 보거라. 긍정은 어떤 상황에서도 나를 지켜 준다. 또한 모든 붕괴는 내부에서 시작된다. 내가 졌다고 하기 전에는 승부가 나지 않은 것이다. 언제나 회사생활이 너의 기대와 달라도 너무 힘들어 하지 마라. 그저 저 사람의 생각은 그렇구나 하는 정도로 웃어 넘겨라. 그들 모두는 내 인생에서 예상보다 큰 영향을 미치지 않는다.

실제로 정년까지 가는 사람들은 몇 가지 정형화된 유형이 있다. 말이 좀 많아서 여기저기 다니다 보니 여론 영향력이 큰 사람. 기억력이 나쁜 것 같지는 않은데, 오늘 아침에 싸운 사람과 금방 웃고 떠드는 사람. 넘버원의 말이라면 무조건 '예스'인 사람. 이런 사람들의 특징은 사람 좋아 보이는 융합형 인간이라는 것이다. 좀 바보 같아 보여도 조직에서는 이런 사람이 필요하다.

아들아! 입사한 지도 벌써 1년이 다 되어 가는구나. 아직 가야 할 길이 남았지만, 오늘은 수고 많았다는 말을 하고 싶다. 떠나면 모든 것이 다 해결될 것 같지만 온실 밖 세상은 네가 예상하는 것보다 훨씬 찬바람 불고 비가 내리친다.

이제 너의 승부는 회사에 있다고 마음먹어라. 여기서 지면 밖에서도 진다. 세상을 이길 빛나는 무기가 없는 한, 너는 온실에 적응할 일이다. 바깥세상이 궁금하더라도 맨손으로 나서지는 말 일이다. 어느 날, 떠나는 날, 너는 나에게 날이 선 칼날을 보여 줄 것이다. 녹슨 칼날로 여생을 온실 속에서 보내든, 뛰쳐나와 세상을 헤매고 다니든 모두 너의 판단이지만 오늘은 아니다. 오늘은 아직 그날이 아니다.

네가 회사를 떠나도,
회사는 눈 하나 까딱하지 않는다

미국의 곡물 수출은 어느 나라에 이루어져야 하는지, 핵우산은 2단 접이식인지 3단 접이식인지 별 관심이 없다. 보안사는 부석사 옆에 있는지 해인사 옆인지도 잘 모르겠다. 요즈음 와서 모든 것이 시큰둥하다. 그 이유를 곰곰이 생각해 본다.

첫째, 이 거대한 조직은 나에게 '아니오'라고 대답하기 위해 존재하는 것 같다. 입사 1년 차, 얼마나 많은 프로젝트들이 의견 교환이라는 미명하에 사장되어 팀장의 책상 밑에서 뒹굴고 있는지 모를 일이다.

둘째, 회사 카드를 꼭 필요한 경우에만 쓰면 좋겠다. 자기가 재벌 아들도 아니면서 식당에서 우연히 만난 여직원 밥값까지

내주는 데는 황당함을 감출 수 없다. 처음에는 자기 돈인 줄 알고 좀 멋있어 보였는데 나중에 회사 카드임을 알고는 배신감까지 느꼈다. 원칙 따로 실행 따로, 신입은 불안하다. 그리고 어느 쪽에 서야 할지 모르겠다.

셋째, 왜 윗사람이 퇴근하지 않으면 그 아래 서열은 아무도 집에 가질 않는지 모를 일이다. 똑같은 집에 사는 것도 아니고 똑같은 친구랑 노는 것도 아닌데 왜 다들 모이고 또 뭉쳐서 서로 집에 못 가도록 발걸음을 견제하는지 모르겠다.

생활 속에 틀 박혀 있는 이중 잣대가 어디 한두 가지인가. 뒹굴고 뭉개는 게 왕도였다가 또 대세를 따르는 것이 옳은 길이란다. 내가 어디에 서든 관습과 제도를 탓하고 싶은 마음은 없다. 다만 나의 경험 부족과 늘 신중하지 못한 판단을 탓할 뿐이다. 내 책상에는 지금도 해야 할 2개의 프로젝트가 놓여 있고, 아랫사람이 없는 나는 혼자서 에어컨 꺼진 사무실에 앉아 있다.

1년 동안 나는 무엇을 배웠나? 일도 배웠지만 요령을 더 많이 익혔다. 다른 사람에게 교묘히 뒤집어씌우는 방법과, 확신에 찬 '아니오'를 말하는 방법. 그리고 주식과 자동차에 관해 이야기하고 누가 얼마를 더 가졌는지를 행복의 잣대로 삼은 시간이었다. 옳은 것을 옳다고 말해 본 지가 한참이나 되었다. 이야기하더라도 아무도 귀 기울여 듣지 않는다. 이 큰 사무실에서 개인 등을 켜고 혼자 앉으면 '나는 누구일까'를 생각한다. 이 거대한 시계 같은 조직에서 나는 톱니만큼이나 될까? 내가 아무리 돌아다녀도 나를 눈여겨보는 사람은 없을 것이다. 내 생각 없이 다른 사람의 뜻을 따라 살다 보면 시간은 흐르고 몸에는 병이 들어 이제 더 이상 기여할 수 없을 때 우리는 비로소 뒤를 돌아보는 여유를 갖는다.

이 커다란 사무실을 날아다니는 파리 같은 미물도 자신의 뜻에 따라 움직이는데 오히려 내가 통제 받고 명령 받는다. 단 몇 분만이라도 내 색깔로 살다가 가고 싶다. 하지만 내가 이 조직에서 없어지면 어떤 변화가 생길까 생각하다가 아무 변화도 없을 생각에 허탈해진다. 하긴 다 늙어 만난 집단에서 무슨 애틋한 정이 있겠나 싶다. 그래서 회사 내의 고교 동문회가 활발한 모양이다. 조금이라도 어렸을 때 만난 친구들을 가까이 하고 싶은 마음으로. 내일 아침부터라도 내가 하고 싶은 일을 하며 살고 싶다. 행복이란, 보면 즐거운 사람들과 즐거운 일을 하는 것이란다.

72

그래도 회사는 **고마운 곳이란다**

가끔은 정치판보다 더 날선 공방이 회의실 분위기를 냉각 모드로 끌고 간다. 그뿐인가. 목표가 된 발표자가 연단에 서면 집요한 질문이 정말 손이 오그라들 정도로 계속된다. 이런 기분을 뭐라고 정의하는지 나는 배우지 못했다. 적대감을 그 바닥에 깔고, 우울함과 좌절감이 반반씩 내 몸을 감싼다. 그건 두려움과는 다른 기분이다. 그것보다는 좀더 끈적끈적하고 더럽다. 그 이유는 막연하지만 내가 다음 차례일 것 같은 기분이 들기 때문이고, 이 회의실에는 내 편이 하나도 없기 때문이기도 하다. 그것은 마치 비행기에서 내려오는 낙하산 부대원이 지상의 적들로부터 사격을 받는 기분이랄까?

기업이란 무엇인가? 학술적으로는 가계, 정부와 함께 경제주체의 3요소를 이룬다. 여기서 기업은 생산 활동의 경제주체로 선순환 고리의 에너지원이 된다. 그러면 기업의 존립 목적은 무엇인가? 기업의 목적은 이윤 추구다. 돈이 남아야 종업원 월급 줘서 가계를 든든히 할 것이고, 세금도 납부하여 국가 경제에 기여할 것이다. 그러면 기업에서 창출하는 이윤이란 아주 중요한 의미를 갖게 되는 것이다. 기업의 적자가 계속되는 한 가계와 정부도 그 성장 동력을 잃게 되어 경제 시스템의 몰락을 가져올 것이다.

그래서 기업은 경영이라는 이름으로 책임과 권한의 이양을 통한 선택과 집중을 끊임없이 계속한다. 이 과정 중에 실적은 당연히 성적표로 활용되고, 무능하다고 평가받은 인원들은 회사를 떠나게 된다. 기업의 이윤 추구라는 대명제 때문에 기업에 종사하는 사람들은 모이고, 편을 가르고, 누군가를 밀어내고 또 욕한다. 하지만 이 모든 것들이 기업 자체의 생물학적 생존욕구로부터 온 것임을 알면 좀 수긍이 갈 것이다. 간단히 말해서 기업도 먹고 살아야 한다. 기업은 생산의 주체로서 우선 돈을 벌어야 한다.

아들아! 기업이 없다면 경제도 없다. 적어도 회사가 너에게 봉급을 지불하는 한, 가계 경제는 건강하다. 거꾸로 매달 지급되던 봉급이 갑자기 중단되었다고 생각해 보자. 처음 한두 달은 그냥 저축한 돈으로 버티지만, 달이 거듭할수록 저축액도 떨어지면서 사람이 구차해지기 시작한다. 기업이 1명의 종업원을 먹여 살리기 위해서는 그 종업원이 받는 봉급의 3배를 지출하여야 한다.

월급뿐만 아니라 4대 보험이나 각종 경비를 더해야 하기 때문이다. 그래서 회사를 그만둔 뒤 받는 경제적 충격은 표면적인 산수 계산보다 훨씬 심각하다. 이런 사람들이 많아지면 국가 경제가 흔들리게 된다.

회사가 내딛는 모든 발걸음은 궁극적으로 이윤 추구를 위해서다. 물론 그 치열한 경쟁의 틈바구니에서 이윤 추구의 탈을 쓰고 자신의 것을 먼저 챙기는 부류는 있기 마련이다. 그러나 그들이 모두라는 생각은 위험하다. 그들은 열심히 일하는 모두 중의 작은 일부다. 지금도 대부분의 경영자들은 기업의 이윤을 극대화하기 위한 방법을 찾느라 고심하고 있다. 궁극적으로 나에게 봉급을 잘 주도록 노력하고 있다. 참 가상한 일이다.

세계 최고의 **회사를 만드는 비결은** 위기의식이다

우리 기업이 가진 문제점은 한국 축구가 가진 문제와 흡사하다. 선수 선발 과정이 이른바 관계나 인맥에 의해 많은 영향을 받기 때문에 감독의 작전권이 상대적으로 축소된다. 따라서 이런 메커니즘이 경기 전반의 흐름에도 부정적 영향을 미친다고 한다. 그래서 감독이 외국인이면 말이 안 통해서 독립적이 되고, 이것이 선순환의 시작이 된다는 것이다. 슬픈 이야기이다.

세계 최고의 회사는 투명하다. 투명하지 않으면 적어도 왜 그런지를 토론할 기회라도 준다. 그리고 그 토론에는 면책 특권이 주어진다. 좀 버르장머리는 없어 보인다. 'Mr'나 'Ms'를 불러서 발언권을 얻고 나면 높임말이 없다. 그냥 머리 박고 자기 할 말다 한다. 얼굴을 붉히고 싸우다가도 회의실을 빠져나가면 끝이다. 이런 싸움의 법칙도 지역에 따라 조금씩 다르다. 미주 지역에서는 정말 화끈하게 한판 붙고 툴툴 털면 그뿐인데 유럽 사람들은 자기를 공격한 사람을 꼭 기억해 둔다. 그리고 어떤 식으로든 갚아 주는데, 이런 식이다. "단 한 번, 깊숙이. 횟수는 적지만 1인당 한 번씩."

두 번째로 꼽을 수 있는 그들의 경쟁력은 늘 변화를 자초한다는 것이다. 2~3년마다 새로운 슬로건을 내걸고 온 종업원이 그 장단에 맞춰 춤추게 한다. 가만있어도 통장에 돈 쌓이는 소리가 들려 오는데 무슨 정성으로 생전 듣도 보도 못한 개념을 들고 나와 회사를 뒤집어 놓는다. 회사 업무 시간에만 하면 그러려니 하겠지만 새로운 개념이라 자연히 저녁 시간과 주말도 갖다 바치게 된다. 세계적 조직이다 보니 얼음 장수 이야기랑 비슷하다. 생산할 때는 제법 컸었는데 옮기다 녹아서 작아졌다. 녹아서 변형되는 것이 어찌 이뿐이랴? 최초의 생각이나 프로젝트 입안자의 의도 등도 더러는 이해되지 못하거나 혹은 왜곡되어 진행된다. 하지만 이 과정 중에 그들은 창조를 생각하고 효율의 개선을 생각한다. 거창한 창조는 아니더라도 적어도 지금의 틀을 깨는 연습을 해보는 것이다.

투명성과 변화에 대한 경쟁력이라는 수레를 조정하는 것은 정직과 성실성이다. 미국이든 유럽이든 내가 케네디 손자라고 해도 믿어 준다. 다만 나중에 그게 거짓으로 판명되면 인사카드에 빨간 줄이 올라가고 다음부터는 내가 한 말을 다른 루트로 꼭 확인한다. 그들이 정직과 성실성을 관리의 주요 포인트로 잡는 이유는, 거꾸로 정직하지 못했을 때 회사가 지불해야 할 비용이 엄청나며 장기적으로 관리 시스템이 비대해져서 회사 전체의 경쟁력이 떨어지기 때문이다. 성실성도 정직성과 마찬가지로 각 구성원들이 타고나는 것으로, 돈으로 사기가 어렵다. 하지만 하루하루의 경영에 꼭 필요한 요소다. 성실성과 정직성 위에 언제나 그 자리를 지키려는 위기의식이야말로 그들을 항상 우뚝 서게 만드는 것이다.

74

'하면 된다'보다 **'되면 한다'는 지혜로 살아라**

결론부터 말하면, 회사생활에서는 '하면 된다'는 의지보다는 '되면 한다'는 지혜가 더 필요하다. 여기서 하고 안 하고의 기준은 집단 내부의 경쟁력과 밀접한 관계가 있다. 미군 지휘관은 작전 시작 전에 병참을 먼저 불러 우리가 가진 장비 물자에 대해 체크하는 반면, 한국군 지휘관은 작전 장교를 불러 우리의 목표를 다시 한 번 체크한다는 우스개 같지만 뼈 있는 이야기가 있다. 미군은 고지 탈환을 위하여 반드시 병참의 지원을 요구하며 그것이 어렵다면 작전은 불가능할 것이라고 믿는다. 그들의 판단 기준에는 병참이 있고, 우리의 기준에는 완성된 작전이 있다. 마찬가지로 회사든 집이든 어떤 목표의 달성을 위하여 그 판단의 결정적 기준이 되는 경쟁력이 있어야 한다. 이 경쟁력을 뛰어넘는 결정은 집단을 위기로 몰아넣고 결국은 목표의 성취를 불가능하게 만든다. 역시 해서는 안 될 일은 하지 말아야 한다.

이런 논조를 악용하여 게으른 부류들의 대변인을 자처할 생각은 추호도 없다. 다만 자원의 효율적 활용이라는 측면에서 안 되는 것들은 미리 처음부터 자원의 투입을 절제하여 그 운용에 신중을 기하여야 할 것이다. 자원의 배분과 회수는 고도의 경영학적 판단을 요구한다. 그러므로 불타는 의지는 그 자체가 나쁜 것은 아니지만 경영자의 판단에 누가 되면 그때부터 문제가 되기 시작한다.

흔히 어느 집단이든 네 부류의 사람이 함께 지낸다고 한다. 머리 좋고 부지런한 사람, 머리 좋고 게으른 사람, 머리 나쁘고 부지런한 사람, 머리 나쁘고 게으른 사람. 이 가운데 가장 회사에 기여를 많이 하는 부류는 머리 좋고 게으른 사람이란다. 조직이 짜인 회사에서는 잘 시키는 사람이 높은 평가를 받으니 맞는 말이다. 그러나 너 스스로 머리가 썩 좋은 편이 아니라면 너무 나대지 마라. 조금만 삐끗하면 너는 사내의 테러 집단인 머리 나쁘고 부지런한 쪽으로 흘러가게 된다. 무리하게 밀어붙이는 의지는 자칫 억지로 변할 수 있다. 상황을 계량화하고 분석하여 처음부터 되는 것과 안 되는 것을 구분하여야 한다.

층층시하에서 살아남는 법, **형님을 만들어라**

요즈음은 많은 회사들이 결재 단계를 간소화해서 예전의 대여섯 단계의 복잡한 조직 대신 팀장에서 임원으로 바로 연결되는 간소화된 조직을 운용하고 있다. 이것은 조직의 알력이 줄어들었다기보다 오히려 각 개인에게 미치는 압력이 예전보다 더 높아졌다는 해석이 타당한 상황이다. 예전 같으면 과장에게 찍히면 대충 차장에게 비비거나 임원 눈에 들면 어느 정도 인간관계의 균형은 잡을 수 있었다. 하지만 지금은 많이 달라졌다. 상위 서열의 숫자가 줄어들었을 뿐만 아니라 그들이 아주 빠른 속도로 의견 교환을 한다는 것이다. 쉽게 얘기해서 한 명에게 찍히면 거의 모든 상위권자로부터 낙제 점수를 받게 된다.

이런 최악의 시나리오를 피하려면 먼저 단 한 명이라도 너를 지지하도록 만들어라. 네가 일하는 부서의 상위권자 중에서 너를 지원할 만한 조력자를 찾아라. 그 목표는 너와 성격이 비슷한 사람이 좋다. 성격이 비슷하면 서로에 대한 이해도가 높아서 다른 경우에 비해 동료의식 형성이 용이하기 때문이다.

사내외 활동을 통해 너는 우연하게나마 영향력 있는 상위권자를 만났을 것이고, 벌써 돈독한 관계를 쌓아 놓았을 것이다. 내가 지금부터 주는 충고는 그 수많은 사내 친교에서 한 번도 만난 적이 없는 고참님을 내 편으로 만드는 방법이다.

먼저 부서 내 상위권자들의 파워 맵(Power Map)을 작성하여 누가 누구에게, 혹은 누가 전체에게 영향을 미치는지 분석하여야 한다. 파워 맵은 대단한 마술이 아니라 어떤 케이스가 주어졌을 때 서로가 서로에게 어떻게 영향을 미치며 문제를 풀어 가는지 한 장의 종이 위에 그려 보는 것이다. 파워 맵을 통해 찾아낸 그룹이 소수이면 그것 자체가 목표가 될 수 있지만 가능하면 성격 분석이 뒤따르는 것이 좋다. 간단히 XY 좌표 위의 4분면에 Analytical(분석적인)-Expressive(감성적인), Amiable(정감 있는)-Driving(혹독한)을 쓰고, 먼저 나의 위치를 좌표 위에 표시한다. 그 다음 후보자의 위치를 나의 것과 비교하면 성격 분석이 가능해진다. 간단히 말해, 좌표에서 나와 가까운 위치에 있는 사람이 나와 비슷한 사람이다. 그가 너를 끌어 줄 조력자다.

신입사원인 너로서는 그에게 가까이 가는 것만으로도 모든 것을 가능하게 하는 도깨비방망이와 가까워지는 것이다. 그는 부서 내의 힘을 가지고 있으며 핵심 정보를 손에 쥔 실력자다. 더욱 뿌듯한 것은 그의 성격이 너와 비슷하다는 것이다. 이제 그를 창구로 하여 층층시하를 뚫고 갈 것이다. 네가 없으면 그가 불편하게 만들어라. 그가 휴가 가고 없으면 사람들이 너에게 그가 어디 갔느냐고 묻도록 만들어라. 그가 원하는 것은 말하기 전에 전달되어야 한다. 그를 형님으로 모셔라. 그게 살 길이다. 마침내 그를 지렛대로 일사불란했던 층층시하를 붕괴시켜야 한다.

76

힘 조절이 **생명이다**

사랑하는 아들아! 세상 일, 특히 회사 일은 해서는 안 되는 것보다도 하면 되는 일이 더 많다. 하면 되는 일에 투자해라. 그리고 언제나 인정해라. 해도 안 되는 일이 있다. 오랫동안 경쟁력을 축적하지 않고서는 도저히 이룰 수 없는 일들은 해도 안 된다.

아들아! 신입사원으로서 이게 될 건지 안 될 건지 구별이 안 가는 일이 태반이겠지만 최대한 너의 인맥과 멘토를 동원하여 현명한 판단을 내려야 한다. 너의 능력 80퍼센트만 사용해도 할 수 있는 일을 골라야 한다. 몇 번이나 말하지만 80퍼센트의 힘으로 안 되는 일은 100퍼센트의 힘으로도 안 된다. 괜히 안 되는 일을 되게 해보겠다고, 알량한 칭찬 한 번 받겠다고 황당한 일 붙

들면 그날로 월급쟁이 생활 막장이다. 중간만 해라, 오래 살고 싶으면.

모든 일 앞에서 네 능력의 100퍼센트를 다 소진시킨다면 너는 곧 몸속의 에너지를 톡톡 털어 일을 하는 모양이 될 것이다. 얼굴은 심각하게 변해 가고, 단거리 선수의 몸짓으로 세상을 바라보다 너의 목표 이외에는 볼 수 없는 근시가 될 것이다. 반복되는 100퍼센트는 위험하다. 무엇이든 80퍼센트로 해결할 수 있는 일을 찾아라. 그리고 명심해라. 회사 생활이란 단거리가 아니라 장거리 경주임을.

이 장거리 경주가 힘 조절의 노하우와 닿아 있다. 힘 조절이란 주어진 혹은 가진 힘들을 쥐어짜는 능력을 말하는 것이 아니라, 자신의 힘을 적재적소에 배치하여 최적의 결과를 도출하는 기능적인 일련의 과정을 말한다.

77

신규시장 진입의 **Key는 경쟁력이다**

이전의 마케팅은 기 싸움이었다. 밤만 되면 상대 회사의 간판을 떼러 다니는가 하면 심지어 물류차량을 가로막아 유통을 방해하기도 했다. 모두 1970년대에 일어난 이야기들이다.

그 당시는 어떤 싸움이든 전면전이었다. 우리의 가장 강한 무기로 적을 닥치는 대로 무찌르고 고지를 탈환한다. 지휘부는 단지 싸움의 규모를 결정할 뿐이었다. 100억 원짜리 전쟁이면 그 예산 한도 내에서 모든 수단과 방법을 동원하여 목적을 달성하는 것이다. 신규시장 개척이나 시장점유율 상승 계획 등도 이른바 지인들 간의 거래로 한정되었다. 만들면 팔리는데 굳이 머리 아픈 마케팅이 필요가 없었다. 하지만 세상은 바뀌고 생산이 소비를 앞서기 시작했다. 정교한 마케팅의 도움 없이는 시장을 지키기도, 새로운 시장을 개척하기도 어렵게 되었다.

요즈음 기업들이 활용하는 마케팅은 시장세분화에 의한 마케팅 전략이다. 시장세분화란 구매 특성이 비슷한 소비자를 같은 그룹으로 놓은 다음, 각 그룹에 대해 각각의 다른 마케팅 전략을 수립하는 것이다. 마지막에는 세분화된 소비자군(群)별로 3~4개의 마케팅 플랜을 살펴본다. 전략의 기본은 '우리의 강한 것으로 경쟁자의 약한 부분을 친다'는 것이다.

여기서 다시 경쟁력이 키로 등장한다. 강한 것이란 경쟁력의 우위를 말한다. 또 이런 우위는 소비자가 인정하고 높은 가격으로 지불한 기록이 있어야 한다. 세분화된 시장군에서 너의 회사는 어떤 고객에게 이런 경쟁력 우위를 공급하는지 생각해 볼 일이다. 어쨌든 매출액과의 균형을 따져 볼 때 높은 가격군에 경쟁력 우위의 제품을 소개하는 것이 네가 해야 할 첫 번째 시도다. 이때 가격은 여전히 높게 하는 것이 필요하다. 너의 경쟁력 우위를 생각한다면 가능한 접근 방법이다.

첫 번째 시도가 시원찮은 결과를 낳았다면 다음 단계로 가자. 공격은 때때로 훌륭한 방어의 뒷받침이 있어야 한다. 그래서 호기심 많은 군에 새로운(실제로는 조금만 바꾼) 제품을 잔뜩 안겨줘서 바쁘게 만들어 소비자가 다른 곳에 눈을 돌리지 못하도록 한다. 이 그룹은 방어용이다. 다음 목표는 좋은 관계를 가진 그룹이다. 두 번째 목표로서 너희 회사와 좋은 관계를 가진 소비자 혹은 그 다음 단계의 소비자군을 찾아 내어 접촉을 시도한다.

다음은 내가 제일 싫어하는 가격 경쟁이다. 이 전술도 전체 시장에 확대하면 공급자가 많은 것을 잃는다. 반드시 가격을 선호하고 잠재 매출이 존재하는 소비자군만을 선별적으로 골라야 한다. 평소 때는 가격 타령에 쳐다보지도 않았지만 시장 침투를 위해 당분간 좋은 관계를 유지하자는 손짓을 보내자. 이 가격선호 그룹은 가격만 맞으면 왕래가 비교적 용이하여 신규거래처로서는 좋은 목표가 되나, 재정상 건강하지 못하다는 치명적 결함이 있다.

신규시장 진입은 정교한 마케팅 시뮬레이션에 의한 작전이다. 무엇보다도 시장에서의 모든 움직임이 회사의 기본전략과 맞아떨어져야 함과 동시에 단기적 목표도 달성하여야 한다. 때문에 초기의 성급한 가격 전쟁은 가장 어리석은 판단이다. 너희 회사가 가진 경쟁력을 최대한 활용하여 진입을 시도하여야 한다. 가격은 그 다음이다. 가격은 경쟁력이 아닌 내부 합의 사항이다. 네가 내리려면 언제든 내린다. 따라서 가격은 경쟁력 다음에 온다. 신규시장 진입도 마찬가지다. 모든 작전이 수포로 돌아갈 때 마지막으로 찾아가는 곳이 가격선호 그룹이다. 한 발을 떼기 전에 두 번 생각해라.

78

회식 자리는 **제 2의 사무실이다**

월급쟁이에게 회식 자리는 긍정적 측면에서는 사무실에서 다 말하지 못한 의견을 제시하는 장소다. 실제로 각 기업들은 정기적인 회식을 독려할 정도로 사원들 간의 의사소통에 투자를 아끼지 않는다. 하지만 회식 자리를 무장해제한 채로 자기 할 말 다 하는 곳으로 오해하는 사람들이 간혹 있다. 술 한잔 먹고 나서 긴장도 풀어지고 한 꺼풀 벗는 듯한 느낌이 들면 하고 싶은 말들이 목구멍에 찬다. 이때를 맞추어 부장님은 신호탄을 날린다.

"할 말 있으면 다 해봐."

이때 순진한 신입사원들 몇몇이 발언을 시작한다. 휴게실 자판기가 고장이 잦다는 둥, 회사 버스가 우리 집으로 오지 않는다는 둥 비교적 건설적인 이야기로 시작해서 마침내는 내 월급이 적네, 부장님 목소리가 너무 크네, 과장님이 직원들을 너무 쪼네 등 인신공격성 발언 내지는 함께 자리한 고참들이 도저히 해결할 수 없는 황당한 대화가 오가기 시작한다.

면책 특권이 부여되었다고? 모든 것을 용서한다고? 천만의 말씀이다. 그대들의 독사 같은 부서장은 일거수일투족을 기억해 두었다가 실적 평가 때 맛깔 나는 밑반찬으로 사용할 것이 틀림없다. '업무 능력은 우수하나, 자기 통제가 불완전하다'는 정도로 당신을 평가할 것이다. 좀더 지독한 상사라면 '비논리적'이라는 수식어를 하나 덧붙일 것이다.

술자리에서, 회식 자리에서, 심지어 카드를 칠 때라도 마음 놓고 이야기해 보라는 상관의 말은 믿지 마라. 특히 상관의 신체적 특징을 희화화하는 발언은 너에게 치명적이다. 윗사람들은 사람 얘기에 바쁘다. 수많은 직원들을 평가하는 일은 언제나 헷갈리는 일이다. 근데 어떤 녀석이 술자리에서 돌발 발언을 한다면 이건 기억에서 사라질 수가 없다. 게다가 그 발언 내용이 황당하기까지 하면 너에 대한 평가는 이미 일단락될 수도 있다.

사랑하는 아들아! 마음 깊은 곳에 있는 심각한 비밀 이야기는 네 여자 친구에게 해라. 여자 친구와 웃으며 놀다가 좋아진 기분으로 생각해라. 아직도 너의 부서장에게 할 말이 있는지. 만일 그렇다면 부서장이 혼자 있을 때 둘이서 마주보고 할 말을 해라. 그를 설득하려 하지 말고 단지 네 의견을 펼쳐 보인다는 가벼운 마음으로….

79

아들아, 어찌됐건 **순간을 즐겨라!**

아들아! 꿈을 너무 크게 갖지 마라. 대기업 사장이나 늙은 팀장이나 회사를 떠날 때는 누구나 라면박스 하나 정도의 소지품을 가슴에 안고 떠나게 된다. 꿈이 크고 원대했다면 월급쟁이를 택하지 말았어야 했다. 월급쟁이 최고의 꽃은 사장이라고 한다. 하지만 그도 주어진 업무 한계 속에서만 최선을 다하게 된다. 어차피 그도 상급자의 지시를 받는다. 결국 네가 가져야 할 기본 덕목은 '분수를 아는 것'이다.

일하고 돈 받는 곳이 회사다. 회사를 떠나는 날까지 주어진 일에만 최선을 다하고, 자신의 일이 아니면 도와주는 척하는 기술을 연마하는 것이 필요하다. 힘 써가면서 최선을 다할 필요 없다. 정년까지 가려면 체력 안배가 중요하다. 너의 직책이 어디에서 끝을 맺을지는 중요하지 않다. 중요한 것은 네가 지금 하는 일이 즐겁고 행복해야 한다는 것이다.

성공만이 행복이 아니다. 성공은 네가 오르려 하는 계단 옆 풀밭이나 바위 틈새에 숨어 있다. 모든 것을 걸고서 꼭대기에 오르지 마라. 그곳에는 우리가 기대하는 행복은 없다. 막내아들의 졸업식 사진에서, 온 식구가 같이하는 밥상에서 행복이 우러나온다. 순간을 즐겨라. 아들 손을 잡고 놀이동산에 가서 월요일 회의를 걱정하는 멍청한 아빠가 되지 마라. 누가 아들과 노는 것이 리포트를 작성하는 것보다 덜 중요하다 할 수 있겠는가.

너의 꿈을 회사의 꿈과 일치시켜라. 회사의 사업 목표와 자신의 목표가 일치된 월급쟁이는 행복하다. 그게 신제품 개발이든 마케팅 기법이든, 네가 추구하는 방향으로 회사가 움직인다면 내가 경영자가 된 듯한 기분도 들 것이다. 회사와 나의 일치점을 찾아라. 그리고 교감하라.

모든 일에 최선을 다할 필요는 없다. 네가 가진 능력의 80퍼센트만 쓰라. 나머지 20퍼센트는 다른 곳에서 빌려서 쓰라. 80퍼센트 써서 안 되면 100퍼센트 써도 안 된다. 최선은 선별적으로 제공되어야 할 경쟁력이다. 모든 일에 최선을 다한다면 이미 그 모두는 차선으로 전락하게 될 것이다.

힘의 안배는 중요한 주제다. 일 그 자체에 50을 준다면, 일과 관련된 사람들과 친해지는 데 50을 주어라. 사람을 놀면서 사귀는 데는 운동만 한 것이 없다. 평소 때 여러 사람이 함께 즐길 수 있는 구기종목을 연습해 두는 것이 필요하다.

말 잘하는 놈이 일 잘하는 놈보다 낫다. 자신이 뭔가를 했다면 그 자체도 중요하지만, 그것이 조직에 미치는 영향이 무엇인지 관계된 사람들에게 잘 알리는 것이 일의 성취도에 더 중요한 때가 많다. 큰 조직에서는 누가 무엇을 하는지만 정확히 알아도 자기 일을 반으로 줄일 수 있다. 예를 들어, 네가 충분히 말이 많다면 사람들은 네가 하는 일이 무엇인지를 알게 되고, 심심찮게 자신의 의견을 너의 숙제에 보태 주기도 할 것이다. 평소 때는, 특히 신입사원 때는 좀 조잘대는 스타일이 좋다.

일은 요령껏 줄이고 남는 시간을 즐겨라. 간혹 공부를 즐기는 월급쟁이를 보는데, 나는 별로 권하고 싶지 않다. 공부는 생존을 위한 최소한의 것으로 충분하다. 나머지 시간은 놀아라. 잘 노는 놈이 오래 한다. 회사는 죽도록 일하는 곳이 아니라 즐겁게 일하는 곳이다.

한 가지 예를 들면, 회사에는 동호회라는 것이 있다. 업무 외적으로 좋아하는 분야가 같은 사람끼리 모여서 친목을 도모하는 회사 내 공식, 비공식 집단이다. 내가 가진 데이터로는 이런 동호회 회장이 잘못되는 경우를 본 적은 거의 없다. 그들은 언제나 말이 많고, 사람들을 재미있게 해주고, 일은 적당히 해서 크게 눈에 띄지 않는다. 이게 월급쟁이의 표준이다. 순간을 즐겨라. 그리고 그들의 머릿속에 '웃기는 사람'으로 자리매김해라.

아빠가 월급쟁이를 만류한 이유, **이제야 알겠니?**

월급쟁이로서 가장 괴로운 때는 월말보고서를 작성할 때다. 실적이 좋으면 좋은 대로, 나쁘면 나쁜 대로 자신의 논리로 시장을 설명해야 한다. 예를 들어 좋으면 왜 좋은지, 그럼 언제쯤 다시 나빠지는지를 분석해야 한다. 특히 실적이 나쁜 경우는 스토리텔링이 중요하다. 그런데 어떤 사람은 이런 예측이 잘 맞아 들어가서 '아주 명석한 사람'으로 촉망받는가 하면, 제시하는 예측마다 과녁을 벗어나면 '자기 일을 모르는 사람'으로 찍히기 쉽다. 종이 한 장 차이인데 그 결과는 무섭다. 누군가 그랬다. 회사에서는 머리 좋은 놈이 질긴 놈을 못 이기고, 질긴 놈이 운 좋은 놈을 못 이긴다고…. 운 좋은 그룹에 들어가는 것이 최고지만, 맘

대로 안 된다.

내가 가진 영업실적으로는 머리 위로 육두문자가 날아다닐 것이 분명하다. 실적도 그렇지만 내일 있을 2시간 동안의 월례회의가 더 큰 고비다. 꼴찌를 바라보는, 석고상처럼 싸늘한 동료들의 얼굴을 떠올리면 벌써부터 가슴이 쪼여 온다. 어젯밤 꿈에 나타난 할아버지에게 힘을 주시라고 간구했다. 나는 또 항변한다. 실적이 나쁜 건 영업의 탓이 아니다. 나쁜 실적은 비싸게 구매한 원재료 때문이고, 중요한 건 그 구매를 해외 본부에서 결정짓는다는 것이다. '쪼다'들…, 본부에 대고는 한마디도 못하면서 한국에 있는 병아리 새끼만 들쑤신다. 모두들 원론적인 이야기만 되풀이한다. 누군가 책임을 져야 한다고, 그게 조직이라고.

말하는 그들의 입에 침이 튄다. 흔들리는 그들의 눈 속에 내 얼굴이 보인다. 팀장은 그만하라고 눈짓을 한다. 나는 다음 회의 때부터 본부 담당자를 참석시켜야 한다고 주장한다. 내 목소리에 눈을 뜨니 새벽 2시다. 이래서 아빠는 월급쟁이를 만류하셨구나. 많은 것이 운 따라가고 인맥 따라가는 집단에는 노력이 설 자리가 제한되어 있을 게다. 아빠는 그 절망감이 싫었던 게다.

이전에는 운명이란 것이, 시작 부분에서는 어느 정도 선택의 여지가 있는 줄 알았다. 마치 표지를 보고 그림책을 고르듯이. 책 내용이야 저자의 마음이지만 적어도 표지만은 내가 선택하는 책의 시금석이었다. 그게 나의 운명관이었다. 하지만 계속되는 월급쟁이의 비애는 나의 운명관을 바꾸어 놓았다.

이제 운명은 철저히 나를 좌지우지하는 불가사리 같은 녀석이다. 요즈음 회사 분위기는 내가 한마디 해도 도무지 동의하는 사람이 없는 편이다. 아무리 논리적으로 사안을 설명해도 찬성하지 않는다. 몇몇 사람들은 내가 희망퇴직 대상자라고 수군거린다. 집사람과 아이들 얼굴이 오버랩 되면서 눈물이 핑 돈다. 무슨 소린가. 내가 이 회사에 얼마나 충성을 했는데 퇴직이라니. 말도 안 된다고 혼자 중얼거린다. 그러나 아무 준비도 없는 나에게 퇴직은 공포다. 아내에게 어떻게 설명해야 하나? 갑자기 아빠 얼굴이 생각난다. 아빠, 아빠는 30년 월급쟁이 생활 동안 이런 절망을 어떻게 뚫고 왔나요? 보고 싶네요.

오래 버티기

Ⅳ

81

장점이 많은 사람보다,
결점이 없는 사람이 되어라

동물나라에서 운동회가 열렸다. 행사의 백미인 빨리 달리기가 시작되었다. 난투 뒤의 결과는 예상 대로였다. 바다에서는 상어, 하늘에서는 독수리, 땅에서는 사자가 가장 빨리 달린 동물로 뽑혔다. 그런데 폐막 직전에 누군가가 육해공을 통틀어 가장 빠른, '슈퍼 애니멀'을 뽑자는 제안을 했다. 게임의 룰은 아무 출전 제한 없이, 원하는 모든 동물들이 자신의 힘껏 일정 거리의 바다와 하늘, 그리고 땅을 달려 가장 빠른 동물을 오늘의 왕자로 뽑자는 것이었다. 출전한 모든 동물들이 열심히 달렸다. 만 하루가 지나서 저 멀리 선두주자가 보이기 시작했다. 그것은 상어도, 독수리도, 사자도 아닌 오리였다. 상어는 하늘과 땅을 지날 수 없었고,

독수리는 바다를 건너지 못하고, 또 사자는 하늘과 바다를 통과할 수 없었다. 단지 오리만이 하늘과 바다와 땅을 통과할 수 있었다. 그날의 슈퍼 애니멀은 오리로 뽑혔다.

새로운 자리가 생겼을 때, 적임자를 뽑는 방법은 슈퍼 애니멀을 선정하는 과정과 비슷하다. 물론 그 사람의 능력이 우선시되겠지만, 큰 조직으로 갈수록 '결점이 없는 사람이 장점이 많은 사람보다 낫다'는 논리가 설득력이 있다. 보통 "이 사람은 이래서 안 되고, 저 사람은 저래서 안 되고…. 남은 사람은 누구지?" 하는 식이다. 평가를 담당했던 당사자들은 아니라고 할지라도, 다수가 또 다른 다수를 평가하는 방식에서는 슈퍼 애니멀을 뽑는 오류를 쫓아갈 수밖에 없다. 실제로 신규 프로젝트를 끌고 갈 신임 팀장에게 필요한 능력은 추진력과 업무지식이지만, 현실에서는 인간관계와 창의성이라는 요소가 결정적으로 그의 발목을 잡는 단점이 되기도 한다.

그렇다면 최고의 능력자는 누구인가? 일에서는 여러 분야를 얄팍하게 알되 한두 개의 영역에서 아주 깊게 아는 사람이 되어야 한다. 또한 인간관계에서는 단점이 노출되지 않는 방향으로 초점이 맞춰져야 한다. 극단적으로 회사 내에서 100명의 친구와 10명의 적을 가진 경우와 친구도 적도 없는 경우가 있다면, 후자가 더욱 나은 조합이다. 현실적 밸런스를 가진 제안은 '인간관계에서 절대로 적을 만들지 마라'는 것이다. 정 열 받으면 집에 와서, 아니면 친한 친구 한 명 불러 내서 신나게 떠들고 말아라. 월급쟁이 생활, 이래도 가고 저래도 간다고 여유를 가져라. 너무 앞서지도 뒤서지도 말고 그냥 좋은 사람처럼 웃으며 내 할 일 똑부러지게 하는 사람, 조직은 이런 사람이 되라고 한다. 하지만 칼 같은 한두 마디 날리는 것쯤은 잊지 마라.

회사의 평가는 **곧 보스의 평가다**

사람이 사람을 평가하기란 정말 어렵다. 하지만 수천 명의 직원들을 평가 결과에 따라 한 줄로 세워야 하는 것이 평가부서의 딜레마다. 그래서 요즈음은 인사부 같은 평가부서는 평가의 과정을 전체적으로 조율하고 결과에 대한 부서별 균형을 잡는 보조적 역할을 할 뿐, 실제 평가 업무는 각자의 보스에 의해서 이루어진다. 현재 평가 시스템에서 보스의 역할은 상당히 크다. 물론 고용시장의 성격이나 산업의 특성에 따라 조금씩 차이가 나겠지만, 대부분의 주도적 기업들은 보스에 의한 평가 시스템을 채택하고 있으며 보스가 부하직원들의 회사생활 전반에 영향을 미치게 된다.

평가의 시작은 목표 설정부터다. 이론적으로 나의 목표는 나의 윗사람이 세워 놓은 커다란 목표를 달성하기 위한 작은 실천적 목표의 한 부분이다. 대부분의 목표는 숫자로 계량화할 수 있는 정량적 목표와 느낌으로만 알 수 있는 정성적 목표의 조합으로 구성된다. 대표적인 정량적 목표는 영업실적이나 순이익 등이며, 정성적 목표로는 통솔력, 발표력 등을 들 수 있겠다.

연초에 목표 설정이 끝나면 한 해를 살아갈 시작점과 목표를 가지게 된다. 모두가 자신이 가진 목표를 달성하기 위해 최선의 노력을 다한다. 동기 부여는 확실하다. '목표는 내가 세웠고 그 결과는 나의 실적'이 될 것이므로. 또한 시장 상황이 변하거나 건의 사항 등을 목표에 반영하기 위해 1년에 2~3번의 리뷰 미팅을 가진다. 이렇게 함으로써 목표가 책상 속에서 뒹구는 것이 아니라 살아서 뛰어다니도록 만든다.

연말의 평가 기간에 보스는 대단한 힘을 가진 거인이다. 그는 정량적 성취의 달성도를 백분율로 측정해 내며 자신의 판단으로 부하직원의 정성적 능력이 얼마나 성장하였는지를 파악한다. 이렇게 측정된 한 해의 달성도는 그 해의 월급 인상과 교육계획, 장기 발전계획 등, 각 종업원의 단기뿐만 아니라 중장기 계획에도 많은 영향을 미치는 중요한 파일로 분류되어 보관된다. 물론 이 토론 과정에는 각 종업원도 같은 자격으로 참석한다지만, 대단한 준비가 없이는 보스에게 대항하기 어렵다. 철저한 준비는 필수다. 잘된 것들은 왜 잘되었는지, 잘되지 않았던 것들은 언제 잘될 것인지를 설명하고, 내가 잘못한 것은 어느 부분이고, 또 어느 부분은 절대 나의 잘못이 아닌지를 분명히 하는 전략적 선택도 사전에 준비하여야 한다. 어느 경우에나 마찬가지이지만 강한 자와 이야기할 때는 공손하여야 한다. 그러나 절대 심한 공손은 금물이다.

83

승진은
운이 70%, 실력이 30%다

승진은 탁월한 업무처리 능력과 한 단계 높은 경쟁력을 가졌을 때 가능하다. 이것이 교과서적 의미가 제시하는 승진의 요건이다. 그러나 아이러니하게도 이 정의는 모두 주관적이고 추상적인 단어로 이루어져 있다. '탁월함'은 누구와 비교된 얼마만 한 능력인가? 또한 '한 단계'가 제시하는 수치는 우리가 흔히 쓰는 계측기기로는 명확하게 측정되지 않는다. 그러면 이런 교과서적 승진 요건보다 더욱 실증적이고 효과적인, 혹은 그 약효가 검증된 지침은 무엇인가?

가장 평범하고도 대중적 방법은 보스의 신뢰를 얻는 것이다. 보스가 주는 일은 무엇이든 마다하지 않고 그냥 소처럼 해낸다.

잘하고 못하는 것은 나중에 보스가 평가할 일이고 나는 오로지 '예스'다. 특히 사람들 많은 데서 개뼈다귀 같은 소리하면 너는 야당 당수로 찍혀 회사생활이 고달파진다.

보스가 '예스'면 너도 '예스'다. 잘난 코멘트는 회의가 끝난 후 보스와 단 둘이 있을 때 하고, 사람들 앞에서는 보스와 맞서지 마라. 가능하면 운동도 보스와 같은 종목으로 정해서 그와의 친밀도를 높여야 한다. 이것이 승진을 위한 1단계 작업이다.

다음은 적이 없어야 한다. 보스가 너를 승진 대상자로 올렸을 때 다른 부서장이 입에 거품 물고 반대하면 너는 승진하기 어렵다. 승진을 꿈꾼다면 적어도 2~3년 전부터 인맥을 미리 점검해서 너의 지지 그룹을 만들어야 한다.

아들아, 이야기는 다시 사람이다. 물론 실력도 있어야 하지만 그건 기본이다. 실력 위에 지지 세력의 뒷받침이 있어야 하고, 너의 보스가 그 앞장을 서도록 하여야 한다. 좀더 타당성 있는 준비를 위해 너의 승진에 영향을 주는 의사결정권자들의 사진을 구해 봐라. 그리고 그 사진 위에 표시를 해보아라. 너를 지지하는 부서장이 몇 명이나 되는지, 그리고 어떻게 그들을 너의 사람으로 만들지를 심사숙고하여라.

승진은 운이 70퍼센트이고 실력이 30퍼센트란다. 그러나 나는 이 말을 믿지 않는다. 나는 늘 승진은 100퍼센트 실력이라 한다. 왜냐면 운도 실력이니까.

84 평가를 잘 받으려면, **보스를 너의 페이스로 끌어들여라**

12월이 되면 그해의 결산을 위하여 모두가 바빠진다. 한 해 결산 자료는 자신만의 것이 아니라 작게는 팀, 크게는 관련 부서와 연결된 부분이 많기 때문에 내가 가진 실적치뿐만 아니라 주변의 것들도 필요하다. 따라서 자료의 완전한 취합을 위하여 이곳저곳을 들쑤시고 다니는 진풍경을 연출하게 된다. 대부분의 부서들도 같은 시기에 평가를 하기 때문에 제공되는 자료의 질이나 신뢰도도 평소 때보다 떨어지기 쉽다. 모두가 바빠서 그렇다. 아부와 공부는 평소에 하라고 했다. 이렇게 닥쳐서 여러 가지를 다루다 보면 포인트를 놓치기 쉽고 스스로 반성할 기회도 흘려보낸다.

연말 평가는 연말뿐만 아니라 1년 내내 하는 것이다. 먼저 큼지막한 노트를 한 권 준비해라. 그리고 일상적이지 않은 모든 사건이나 이슈 등은 일기처럼 기록해 나가라. 하루하루가 힘에 부치면 일주일이나 한 달 단위도 좋다. 분명한 것은 연말 평가란 것이 1년에 한 번 있는 의식이 아니라 1년 내내 끊임없이 계속되어야 할 정기적 순례 행위 같은 것이라는 점이다. 자신의 실적을 기록하기 위해서는 몇 가지 원칙이 필요하다.

첫째, 객관성이다. 자신의 업적에 너무 코 박고 보다가 오로지 자신만을 바라보는 나르시스트가 될 수도 있다. 둘째, 연속성이다. 자신의 경쟁력이나 장점을 찾아냈다면, 한 달이나 한 해에 그치는 것이 아니라 적어도 그 부서에서 일하는 동안만이라도 지속적으로 업무 실적에 대한 평가에 초점을 맞추어야 한다. 마지막으로, 구체성이다. 막연한 옛날이야기식 기술이 아니라 성과를 정량적으로 표시할 수 있어야 한다. 목표는 항상 SMART(S: Sustainable, M: Measurable, A: Attainable, R: Reasonable, T: Tractable)하여야 한다.

이렇게 체계적인 준비를 끝냈다면 너는 다른 동료들이 바쁠 때 공격용 자료를 다듬거나 수비용 이야깃거리를 만드는 여유를 가질 수 있다. 그러나 이 모든 것들이 맞아떨어지더라도 가슴 깊이 새겨 둘 것은 이 과정의 종결권자는 너의 보스라는 점이다. 그래서 때때로 너의 장점이나 업무 성취를 은연중에 보고하고, 특히 엘리베이터 같은 밀폐공간에 둘이 있게 되면 보스가 관심 있어 할 프로젝트 등에 관하여 요점을 설명하는 재치도 필요하다. 이런 기회를 염두에 두고 엘리베이터용 3분 스피치를 준비해 두는 것도 좋은 방법이다. 연말 평가의 준비는 네가 하지만 평가는 보스가 한다. 아무리 훌륭한 실적도 그의 평가가 없이는 그냥 무심한 한 묶음의 자료에 불과하다. 그를 너의 페이스로 끌어들여라. 그게 공부 못하고도 잘사는 방법이다.

결재를 잘 받는 것도 **전략이다**

빨간 인주를 도장에 묻혀 결재란에 쿵 찍던 시절이나, 간단히 엔터키 하나로 승낙을 갈음하는 요즈음이나 결코 변하지 않는 것이 있다. 그건 결재의 기본 정신이다. 결재는 권한의 위양이고 내용상의 동의이며, 그 다음 단계에 대한 준비다. 그래서 사람들은 결재할 때 조심스러워 한다. 이 조심스러운 제스처는 각양각색이다.

가장 일반적인 유형은 먼저 받아 놓은 결재판을 보지도 않고 쌓아 놓는 것이다. 사무실에 결재판이 다 말라 갈 때쯤이면 윗선에서 재촉하는 순서대로 검토를 시작한다. 이 해바라기 형태의 보스는 오로지 자신의 위험을 감소시키기 위해 지극히 절제된 행동양식으로 극소량의 문건만 결재하는 것이다. 이런 경우 밑에서는 속 터져 죽지만 보스는 아랑곳 않는다.

둘째 유형은 '빨간 펜 선생님'이다. 자신의 마음에 들지 않으면 토씨 하나 틀려도 두 줄 빡빡 긋고는 다시 쓴다. 다 고치고 나면 내용도 모양도 완전히 새로운 형태의 공문이 탄생한다. 누군가가 이 공문에 대해 묻는다면 내가 쓴 게 아니라고 말하고 싶다.

세 번째는 우유부단형이다. 다른 부서는 어떤가 하고 여기저기 수소문한다. 찬성이 많으면 찬성이고 반대가 많으면 반대로 흘러간다.

이런 모든 보스들의 나쁜 결재 버릇에 도전할 생각은 버려라. 그게 그들 각자가 오랜 시간 갈고닦아 온 생존 법칙이다. 여기에 도전하는 것은 그들의 밥그릇에 도전하는 것이고 그것은 바로 전쟁을 의미한다. 굳이 버릇을 고친다면 그건 그의 보스가 해야 할 일이다. 너는 혁명가도 정치가도 아닌 월급쟁이다. 환경을 바꾸려고 하다가는 네가 먼저 바뀐다. 맞추어 살다가, 아니 그런 환경을 즐기다가 때가 오면 바꾸어라. 결재를 잘 받는 법도 이런 범주 안에 있다. 내가 맞추어 사는 방법이 있다. 위에서 말한 여러 유형의 보스들 속에 들든 그렇지 않든 그들 모두에게 적용될 수 있는 결재 잘 받는 방법이 있다.

첫째, 평소 때 화장실이나 엘리베이터 안에서 갑자기 보스를 만나면 이를 좋은 기회로 생각하고 일들의 진행 상황을 가볍게 터치하여 훗날 있을 결재에 대비한다. 짧은 대화를 통해 결재서류와 보스와의 친밀도를 높이는 계산이다. 흔히 말하는 '1분 프레젠테이션'이다. 아빠는 늘 이런 것을 준비하여 다녔지만 네게는 권하고 싶지 않다. 그냥 생각나는 대로 해라. 안 하는 것보다 낫다는 편한 마음으로.

둘째, 결재 받는 시간대를 고려해라. 난해하고 민감한 문제는 오후 2~3시경이 좋다. 이때는 사람들이 점심 후 포만감에 대부분 너그러워지기 때문이다. 큰 문제가 없으면 통과다. 반면에 내 입장에서 볼 때 상대방이 꼭 기억하고 실행에 최선을 다해 주길 바라는 문제, 예를 들어 빌려 준 돈 갚기 등은 오전에 전화를 좀 길게 하여 상대방의 예민한 구석을 긁어 주는 것이 효과가 있다.

결재를 받는다는 것은 학습 프로세스의 중요한 부분이다. 또한 보스의 생각을 훔쳐보기도 하고 심지어 다른 부서의 계획까지 덤으로 알 수 있게 된다. 그래서 결재를 잘 받기 위해 한두 가지의 전술보다는 여러 부서의 입장과 손익을 동시에 이해하여 전사적 효과를 읽는 능력을 갖추어야 한다. 그런 능력을 통하여 자신의 결재서류에 대한 확신과 타 부서에 대한 이해도가 높아지는 것이다. 부서장이 우유부단하든 빨간 펜 선생님이든, 모두가 나의 학습을 위한 다양한 도구라고 생각해라.

월급쟁이 아들아! 긍정적인 생각을 가지고 살아라. 물론 최선을 다하여 결재를 잘 받는 것도 중요하지만, 각각 내용이 다른 결재판을 통하여 한 계단씩 오르고 있다고 생각해라. 인생살이 팍팍할 때는 창문 너머 구름을 보며 냉수 한 잔 들이켜라. 다음은 서점에 달려가 시집 한 권을 집어 들어라. 그리고 잠시나마 결재판을 잊어라.

절대, **괘씸죄로** 평가받아서는 안 된다

내 마음도 늘 흔들리는데 다른 사람의 능력을 일관적으로 읽어내는 일은 나에게는 거의 불가능하다. 마치 동물나라 왕중왕전에서 하늘과 바다와 육지를 두루 달릴 수 있는 유일한 동물로서 오리를 뽑은 것처럼, 우리가 생각하는 최고 또한 종종 그 경계가 모호하다. 두루 잘한다는 것은 두루 못한다는 것도 될 수 있기 때문이다. 때문에 사람을 평가하는 방법은 끊임없이 발전해 왔다.

우리가 현재 애용하는 평가 방법은 '실적평가 제도'다. 연초에 세운 목표 대비 몇 퍼센트나 성취하였는지를 계수로 나타낸다. 각 항목별 목표는 가중치가 다르다. 예를 들어 영업부서는 시장점유율의 가중치가 약 60퍼센트 정도 된다면 고객의 날 행사 지원에는 약 10퍼센트가 할당될 수 있다.

이 제도에도 테러리스트가 있다. 시장점유율만 신경 쓰고 다른 것은 그냥 따라가겠다는 배짱의 소유자다. 평가 또한 중간만 가고 그 어중간한 실적으로 평생 팀장 하다가 정년퇴직하는 게 꿈이란다. 이런 부류는 평가와 무관하게 인생을 행복하게 산다. 이 점을 보완하기 위해 정성적 평가 항목을 일정 부분 넣는다. 예를 들면 '대화하기를 즐기는가?', '리더십은 있는가?', '회사 전반의 이해도는 있는가?' 등의 질문을 통하여 계수로서 파악 못한 정성적 부분을 평가한다. 여기까지는 절대평가의 논리이므로 어떤 사원이나 부서가 전체적으로 높은 점수를 받을 수 있다. 그러나 한 번 더 상대평가의 잣대로 전체 부서의 균형을 잡는다.

복잡하고 잘 짜인 제도 같지만 엉성하고 허점투성이의 평가제도다. 첫째, 일의 난이도가 거의 일정한 부서와 외부환경에 따라 사업성과가 춤을 추는 부서는 현실적으로 비교가 어렵다. 죽도록 고생해도 좋은 평가를 못 받는 부서보다 그냥 설렁설렁 하다가 높은 점수를 받는 부서가 낫다는 사고가 팽배해질 것이다.

둘째, 정성 분석의 척도란 명확하지 않다. 예를 들어 어떤 직원에게 '분석적'이라는 평가를 내리고 싶다면, '매우 분석적'인 경우와 '약간 분석적'인 경우가 어떻게 다른 것인지를 알아야 한다. 그러나 나는 아직 그런 지침을 본 적이 없다.

시스템에 허점이 있다면 당연히 그 공백은 사람이 메운다. 이른바 시스템과 인간의 결합이다. 보스가 느끼는 체감 점수가 결과에 큰 영향을 미친다. '주는 것 없이 미운' 직원이라면 아무리 시스템상 점수가 높아도 보스의 평가는 좋을 수가 없다. 반대의 경우도 마찬가지다. 세상에서 제일 무거운 죄가 괘씸죄란다. 괘씸한 직원은 보스가 줄 수 있는 가장 큰 벌을 받을 것이다.

다시 사람으로 돌아간다. 사람이 사람을 평가하는 자리에서는 주관적 척도가 영향을 미칠 수밖에 없다. 현실을 비난만 할 것이 아니라 이것을 잘 이용하는 지혜를 갖자. 가끔은 보스 방에 신나는 기사나 재미있는 만화를 갖다 놓아 보자. 주어진 평가 점수는 근무 시간에 채우고 보스의 체감 점수는 쉬는 시간에 채우자. 세상만사 생각하기에 달렸다. 상황을 비판하지 말고 받아들이자.

87

보스에 대한
3가지 금훈을 명심해라

너의 상사 혹은 보스로 불리는 이 사람은 전지전능하다. 그는 너를 평가하여 봉급을 결정하며, 네가 이 조직에서 얼마나 성장할 것인지를 판단하여 그 배경을 해당 인사위원회에 통보한다. 큰 이변이 없는 한 너의 자료는 변함없이 보관될 것이다. 또 보스는 스스로 일을 열심히 하기도 하지만 그보다도 일을 하도록 도와주는 것에 주력하여야 한다. 그는 신입사원들이 매일 만나는 '회사'의 실체다. 그를 보며 신입사원들은 회사를 이해한다. 또한 보스는 항상 "기업은 돈과 사람의 결합이다"라고 이야기한다. 따라서 훌륭한 인재를 조기에 발굴하여 성장 발전시키는 것이 보스의 숭고한 의무임을 들어서 알고 있다. 그는 조직의 허리이고 머리임을 모두가 안다.

이런 무지막지한 권한을 가진 보스는 대부분 그의 양심의 소리에 따라 숭고한 의무를 이행하지만 일부는 그렇지 못하다. 편파적인 평가를 자행하여 너의 미래에 걸림돌을 갖다 놓거나, 공개석상에서 인신공격을 한다. 그는 또한 파벌을 만들어서 자신의 친위 세력도 형성한다. 교과서적으로 볼 때 리더의 역할은 윗사람과 아랫사람의 의사소통을 담당하는 것이다. 윗사람의 판단 사항을 밑으로 전달하고 현장의 소리를 위로 보내는 다리의 역할이다. 종종 이 다리가 몇몇 보스에게 악용당하여, 아래로부터의 실적은 도난당하고 위로부터의 격려는 자신만의 것으로 가공된다.

세상에서 제일 무서운 사람이 영국 유학 갔다 온 아프리카 식인종이란다. 체계적으로 교육받은 잔인성이 무섭다는 이야기다. 물론 일부이기는 하지만 보스도 마찬가지다. 지식으로 무장한 동시에 편협하고 악랄한 보스를 너의 힘으로 어떻게 해보기는 거의 불가능하다. 이럴 때 필요한 것은 인내력이지, 정의감이 아니다.

보스에 대하여 3가지 금훈(golden rule)이 있다. 첫째, 보스는 언젠가 바뀐다. 둘째, 내가 보스를 선택할 수 없다. 셋째, 나도 보스가 된다. 세 가지 중 어느 하나도 적극적인 조언은 없다. 다만 참고 견디면 보스에 대한 문제들은 사라진다. 아니면 내가 좀더 적극적으로 보스에게 다가가 보자. 사람들은 막장에서 의외로 단순해진다. 자신의 생존을 위해 보스 집에서 김장을 도와 주거나, 보스가 참석하는 저녁식사는 초대 여부에 관계없이 동석하여 보스의 위력을 과시하는 장식물 또는 보디가드가 되도록 해

라. 물론 제정신으로는 어려운 일이다. 하지만 불량한 보스에게는 팀워크의 표상이고 친위대의 귀여운 재롱이다. 차라리 참아야지, 이들에게 욕하거나 돌을 던지지 마라. 꼭 손댈 일이 있으면 네가 그들보다 컸을 때 시작해라. 우리의 수많은 선배 사원들이 인내하지 못하고 스스로 한 알의 계란이 되어 이 거대한 돌덩이에 몸을 날렸다. 그리고 그뿐이다. 이 거대한 조직은 한편이다. 네가 가든 오든 별 신경을 안 쓴다.

아들아! 황당한 보스를 만나면 엎드려라. 지금 너의 힘으로는 어찌할 수가 없다.

조직에는 '진정한 리더'보다 **'현실의 리더'가 많다**

훌륭한 리더와 그에 따른 리더십 이야기는 수없이 많다. 대부분의 리더들은 자신의 희생을 바탕으로 부하가 능력을 백분 발휘하도록 강력한 메시지를 전달하는 힘이 있다. 아랫사람으로부터는 감동과 사랑을 통하여 존경을 이끌어내고, 윗사람으로부터는 끊임없는 신뢰를 이끌어내는, 조직에 없어서는 안 되는 우리의 슈퍼맨이 리더십 교육에 등장하는 훌륭한 리더다. 거기다가 인간적 면모까지 탁월하여 사람을 감동시키기까지 한다. 이순신 장군이 전장에서 발을 다친 병사의 고름을 입으로 빨아 내어 이에 감동한 병사가 장렬히 싸우다 죽었다는 일화도 훌륭한 리더의 이야기에 자주 등장한다.

자, 그럼 현실적으로 생각해 보자. 과장만 되어도 부하직원 두 세 명 데리고 자기 일 하기에 바빠 하루해가 금방 간다. 온갖 보고서에 고객 불만 처리까지 이것저것 챙기기에 정신이 없다. 거기다가 부서장 관심 사항, 담당 임원 관심 사항 등 높은 사람 입맛 관리까지 하다 보면 매일 야근해도 모자랄 판이다. 이런 현상은 승진하여 지위가 높아질수록 더하다. 임원의 경우 부서별로 돌아가며 점심 먹고 근황을 이야기하다 보면 한 달이 쓱 지나간다. 거기다 대고 이순신 장군의 '디테일 리더십'이나 칭기즈 칸의 '비전 리더십'을 이야기하면, 다음부터는 아마 혼자서 점심 먹게 될 거다.

교과서적 리더십이나 리더의 모델이 잘못되었다는 말은 아니다. 그런 유의 경로를 통하여 훌륭한 리더로 성장한 사람들도 많다. 그러나 아들아, 나는 여기서 아무도 공론화하지 않았던 현실의 리더를 소개하고자 한다. 그는 모든 공을 자신에게 돌리는 비상한 재주를 가졌으며, 상관으로부터의 오더는 부하직원에게 돌리는 민첩함을 가지고 있다. 출근 시간은 사장의 시계에 맞추어져 있고, 상사가 어딜 가는지 그 스케줄을 훤히 꿰고 있다. 그는 입만 열면 '회사의 발전'이고 '수익성 향상'이다. 신입사원 이름은 헷갈려도 사장의 연두교시는 줄줄 외운다. 자신의 목줄에 영향을 미치는 임원이 출장이라도 가면 교묘히 같은 스케줄을 잡는다. 실력은 몰라도 정치는 9단이다. '애들은 개 패듯이, 보스는 상전으로 모시기'가 그의 좌우명이다. 이 방법은 그의 머릿속에서 부하직원이란 존재는 아무 생각 없는 집단으로 단순 처리되기 때문에 아주 효율적이다. 그래서인지 최근에는 이 그룹의 수가 증가하는 느낌이다. 밑의 직원은 달달 볶고 윗사람은 받들어 모시는 그들이야말로 진정한 리더다. 책에는 나오지 않지만, 네가 실생활에서 만나는 실체의 리더들이다.

아들아! 네가 만일 이러한 리더를 만났다면 그냥 똥 밟았다고 생각해라. 너는 보스를 선택할 수 없으므로 네가 할 수 있는 것은 아무것도 없다. 단지 한 3년간 도 닦는다 여기고 머리 박고 있어라. 괜히 야당 당수 자청하여 한두 마디 던지다가 시범 케이스로 날아가지 말고. 절대 뒤에서 욕도 하지 마라. 이런 사람일수록 안테나가 크다. 특히 동호회나 회식 장소에서 조심해야 한다. 칭찬도 하지 마라. 진짜 야당들에게 찍힌다. 싫어도 좋아도 네가 택한 길, 살얼음판 같은 회사생활 조심해서 살거라.

6 대 4의 법칙, **승진의 비결이다**

승진은 능동태가 아니라 수동태다. 승진은 누군가의 후광을 업고 당하는 것이지, 내가 계급장 만들어 붙이는 것이 아닌 것이다. 누군가가 시켜 주는 것이 승진이라면 기준 또한 분명해야 할 것이다. 모든 구성원들이 동의할 수 있는 룰이 없다면 서로가 서로를 승진시키는 풍경이 연출될 것이다. 여기서 다시 분명한 것은 승진이고 기준이고 간에, 여기에 관련된 모든 것들은 보스의 권한 아래 있다는 점이다.

눈치 빠른 너는 이미 알겠지만 인사에 관련된 어렵고 복잡한 원칙을 적용하는 사람은 보스다. 그가 적용하면 바로 결론이 된다. 다른 어떤 것보다도 직속상관에게 잘 보이는 것이 승진을

'당하는' 지름길이다. 보스는 점수를 마음속에 정해 놓고는 다른 자료를 가지고 그 정해진 점수를 합리화한다. 완전히 거꾸로 가는 프로세스다. 여기서 말하는 다른 자료라는 것이 보스가 말하는 기준에 가까운 이야기다.

다시 이야기를 '승진의 기준'으로 돌려 보자. 첫째로 시간 자체가 승진의 기준인 회사가 있다. 시간만 지나면 승진하는 시스템이다. 아주 노동집약적인 단순노무직의 경우가 되겠다. 둘째로 연초 계획 대비 성취도가 기준인 회사가 있다. 현재의 점수를 연초에 만든 것과 비교하여 보는 것이다. 셋째는 첫째와 둘째의 합이다. 어떤 보직은 연수(年數)도 채우면서 실적도 함께 보여 주어야 한다. 대부분의 회사가 이 범주에 들지만, 우리나라 같은 경우 특이하게 '연공서열'이라는 다른 곳에서는 볼 수 없는 다크호스가 있다. 한국에서는 후배가 선배를 딛고 가면 선배는 그만두라는 말로 알아듣는다. 이와 유사한 문화로, 직함으로 불리기 원하는 나라는 전 세계에서 우리가 유일하다.

승진에 원칙은 있으나 원칙대로 되는 것을 별로 본 적이 없다. 승진에서 제일 바보 같은 소리는 "내년에 X장 시켜 줄게" 하는 것이고, 제일 바보 같은 놈은 그 말을 믿는 놈이다.

승진에 내일은 없다. 차라리 절대 내년에 안 시켜 준다는 확답을 받아라. 마음이나 편하게. 내일 '사또 곰배상'이 무슨 소용이냐. 지금 배가 고파 죽을지 모르는데. 여기서는 일이 되게 하는 데 6 대 4의 법칙이 적용된다. 네가 가진 에너지의 60퍼센트는 실적 달성을 위해서 쓰고 40퍼센트는 보스와의 관계 증진에 사용해라. 보스가 운동을 좋아하면 같은 종목으로 운동을 하고 (할 줄 모르면 배워서라도), 여행을 좋아하면 너도 따라 다녀라. 아부와 공부는 평소에 하랬다. 눈에 안 띄게 보스와의 관계를 증진시키는 것이 일 잘하는 것보다 낫다. 이것도 저것도 싫으면 보스가 좋아하는 와인 리스트라도 외워라. 그리고 보스를 위해 주문해라. 그에게 네가 보스를 위해서 뭐라도 하고 있다는 것을 보여라. 일 잘하는 놈보다 눈에 자주 띄는 놈이 이긴다.

90

조직에서는 **살아남은 자가 강한 자이다**

조직에서 잘되는 사람이 정해진 것은 아니지만 내 경험으로 얻은 모습을 모자이크 해본다. 우선 친화력이 뛰어나 누구와도 잘 지내는 것이 좋다. 큰일을 앞에 두고 나대지 않으며 자기 자랑을 자제해 자신에 대한 칭찬이 다른 사람의 입에서 나오도록 해야 한다. 살면서 80퍼센트의 에너지만 사용하므로 나머지 20퍼센트의 여유가 얼굴에 묻어나야 한다. 그러나 적당한 주제가 주어지면 급격히 다변가로 돌변한다. 말 많은 사람이 일 잘하는 사람보다 높이 평가받는다는 것을 알고 있으므로. 칭기즈 칸이 말했단다. "강한 자가 살아남는 것이 아니라 살아남은 자가 강한 것이다." 그런 의미에서 돈이 안 되는 프로젝트는 아무도 모르게 빠져나와야 한다. 다만 생색용으로 몇 번 끼는 것 외에는.

입만 벌리면 회사의 발전상에 대해 이야기한다. 힘들고 기분 나쁜 이야기는 다른 이의 몫이다. 인생의 목표는 2등이나 3등으로 오래 사는 것이라는 소박한 그림의 소유자, 근무 시간 외에는 일하지 않는 원칙주의자, 회식을 할 때는 보스가 좋아하는 와인을 살짝 갖다 놓는 애교도 양념처럼 쓸 줄 아는 사람이 조직에서 승승장구한다.

그의 하루 일과는 헬스클럽에서 시작한다. '건강이 최고'라는 덕목을 실천하기 위해서다. 일은 언제나 두 번째다. 그는 1등의 위험을 알고 있다. 역으로, 일이 없을수록 업무 수첩을 손에 들어야 한다.

졸리면 자라. 월급쟁이에게 최고의 오침 장소는 화장실이다. 오후의 생산성을 위하여 한숨 자라. 다만 유의할 것은 긴 시간을 화장실에서 보내다가 그냥 나오면 밖에 있는 사람들이 이상하게 생각한다. 물을 꼭 내려라. 할 일이 없을수록 바삐 달려라. 시답잖은 농담을 할수록 회의실을 활용해라. 밖에 있는 동료들은 무슨 대단한 일을 하는 줄 안다.

퇴근하면 그의 별명은 '밤의 황제'다. 낮에 보았던 심각한 모습은 사라지고 좌중을 휘어잡는 춤과 노래로 모두들 즐겁다. 그러나 가급적 술을 자제하는 그의 표정에 자제력이 보인다. 이런 자리에서 술을 다 받아먹다가는 세상 하직할 수도 있다. 눈치껏 물수건으로 뱉어 내거나 휴지통에 비워 내서 자신을 알코올로부터 방어해야 한다. 그러나 신입사원이 이 짓 하다가 걸리면 능지처

참에 처해질 수도 있으니 주의할 것.

그의 주말도 역시 바쁘다. 어느 회사에나 한두 개씩은 있는 주말 동호회에 가입한다. 주말 동호회는 주말에 한 번씩은 모여서 운동이나 가족동반 모임을 하는데, 교환되는 정보의 양이나 영향력이 상상을 초월한다. 아들아! 조직에서는 이런 음성 지하 세력과 결탁하는 것이 살아남는 데 큰 도움이 됨을 아무도 너에게 알려 주지 않았을 것이다.

그는 적에게도 친구에게도 별 차별을 않는다. 좀더 정확히 말하면 그에게 적이 있는지 의심스럽다. 그는 조직의 생리를 잘 알고 있다. 백 명의 친구보다 무서운 것은 한 명의 적이다. 어차피 머슴의 자리라면 너무 눈에 띄는 주인의식으로 적을 만들지 않는다. 노력형보다는 천재형에 가까운 사람, 늘 고개를 들어 하늘을 보는 사람, 주말도 조직을 위해 바치는 사람, 일보다도 놀이가 더 중요하다는 사람. 이 가운데 단 한 가지도 너와 일치되는 것이 없다면 임원이나 사장 될 생각은 버려라. 그 정도 머리로는 절대로 노력한다고 되는 것이 아니다. 괜히 열심히 해보겠다고 설치다가 주위 사람들만 괴롭힌다. '하면 된다'는 말은 틀렸다. 해서 안 되는 것은 있다. 늘 정신 차리고 스스로를 돌아봐라.

91 승기는 **왔을 때 꽉 잡아라!**

모든 현상에는 선행지수란 것이 있다. 비 오기 전에 먹구름이 몰리고 수출이 증가하기 전에 신용장 개설이 늘어난다. 이러한 전조 현상을 겸허한 마음으로 받아들이고 준비한다면 별 탈 없이, 혹은 전화위복의 기세로 너울을 넘어설 것이다. 그러나 욕심이 눈앞을 가리고 객관적 논리가 설자리를 잃고 나면 먹구름이 몰려와도 무감각해진다. 좋은 징조이면 다음을 위하여 준비할 것이고, 나쁜 일이면 미리 대책을 세우는 시금석으로 삼아야 할 것이다.

좋은 징조를 잘 해석하는 것은 나쁜 징조를 잘 읽어 내는 것만큼이나 중요하다. 승기는 자주 오지 않는다. 한번 왔을 때 잡아야 한다. 기회는 대충 이렇게 생겼다고 한다. 몸은 유선형이고 머리에는 손잡이가 있고 몸은 미끈거려 머리 부분의 손잡이가 없으면 잡을 수 없다. 이놈은 기다렸다 잡아야지 쫓아가서 잡을 수는 없다.

아들아! 네가 청신호 속에 있다면 대충 다음에 열거한 경험을 하게 된다. 다시 말하면 기회가 올 조짐이니 그 머리의 손잡이를 쥘 준비를 하라는 말이다. 먼저 부서장이 주재하는 저녁식사에 초대받게 된다. 그것도 부부동반으로. 짠돌이 부장 하는 짓으로 보아 뭔가 윗선의 오더가 있었음이 분명하다. 그 다음 오직 3박 4일의 교육을 위하여 해외출장을 보내 준다. 보통 이런 경우에는 교육 일정을 고객 방문 일정에 연결시켜서 출장을 보낸다. 그런데 이번엔 좀 다르다. 보스가 생전 묻지도 않던 내 전공이나 애들에 대해 관심을 가진다. 그리고 이런저런 미팅에 불려 다닌다. 만일 다른 부서 부서장이 위의 제스처를 보인다면 더 강한 선행지수가 될 수 있다. 어쨌든 위의 4가지 중 2가지만 맞아도 뭔가 너를 위하여 일이 벌어지고 있음을 추리해도 좋다.

영국 속담에 이런 말이 있다. "올라갈 때 주위 사람들에게 잘해라. 내려올 때 또 만나니까." 좀 잘나간다 싶을 때 겸손하게 주위 사람들에게 잘해야지, 가끔 보면 발표도 안 난 인사명령 가지고 으스대다가 발표 후에 사람 바보 된다.

일을 그르치지 않게 하기 위해 인맥을 통해 알아본 정보에서도 회사 전체의 움직임이 나에게 우호적으로 가고 있음이 감지되었다. 이때 직원 입장에서는 욕심이 끓어올라 이것저것 회사에 요구하는 경우가 있는데, 이는 잘못된 방법이다. 회사가 네게 우호적으로 접근했으면 네 접근 방식도 그에 상응하여야 한다. 회사가 나에게 제시하는 프로그램이 무엇인지를 먼저 알고 그 프로그램 내에서 나를 위해 수정할 것은 없는지를 이해하고, 구체적으로 개선안을 제시하여야 한다. 보통 프로그램의 내용은 임원으로 직행하는 티켓 혹은 사장이 되는 풀에서 후보자들끼리 흙탕 싸움을 할 수 있는 자격증쯤 된다.

일이란 다 그렇다. 뭐 하나 깔끔하게 끝나지 않는다. 이런 제안도 착륙의 신호가 아니라 또 다른 경쟁의 서막이다. 행복은 결과가 아니라 과정이다. 그건 파란불 뒤에도 있고 빨간불 뒤에도 있다. 너무 신호등 색깔에 연연해하지 말기를.

회사생활의 적신호, **원인을 분석해라**

망해 가는 회사는 서로 비슷한 경로를 밟으며 외부 자극에도 비슷한 반응을 보인다고 한다. 손님이 사장 방을 물어보면 턱으로 가리키고, 임원들의 구두에는 먼지가 하얗게 묻어 있다. 자기 스스로 방어 자세를 풀고 긴장하지 않기 때문에 일어나는 현상이다. 개인도 마찬가지다. 월급쟁이 하나 무너지는 데 들어가는 시간은 풀타임으로 하루 정도 들 거다. 먼저 기상 시간이 딱 20분 늦었는데 지금 인생이 바뀐 기분이다. 이 지각이란 게 처음에는 부끄럽고 회사에 누를 끼치는 것 같아 죄송하지만, 횟수를 거듭할수록 무감각해진다. 이런 작고 하찮은 일들이 마침내 커다란 적신호로 바뀐다.

무너진 월급쟁이에게 보내는 조직의 적신호는 다양하다. 가장 일반적인 것은 회의에 초대받지 못하는 것이다. 사람들 생각에 회의에 기여할 것이 별로 없어 보이기 때문이다.

둘째로는 몇 년째 월급이 제자리인 경우가 있다. 이러한 경우는 가능성의 실현이라는 것이 전혀 없다고 판단되기 때문이다.

셋째는 한직으로만 경력 관리가 유지되는 직원으로, 주요 직책의 기존 멤버로부터 전혀 신임을 받지 못한 경우다.

넷째는 사장 운전기사로부터 구박받는 경우다. 사장이 사람 이야기를 할 때 가장 영향을 많이 주는 사람이 기사다. 그래서 그의 정보 통합 능력은 사장과 비슷하다. 따라서 사장 기사에게 구박받는다는 것은 뭔가 결과가 나왔다는 뜻이 된다.

다섯째는 여자 직원들로부터 눈총을 받는 경우다. 여자 직원들의 정보 수집과 전파 능력은 단연 수준급이다. 이 조직에서 인정받지 못했으면 앞으로 문제다.

아들아! 위에 예로 든 5개의 보기 중 하나라도 접해 본 경험이 있다면 그건 큰일이다. 대충 뭉개고 지나갈 일이 아니다. 위의 5가지 빨간 신호야말로 우리가 조직 속에서 늘 손쉽게 접할 수 있는 경고등이다. 문제 영역의 원인을 분석하고 대인관계와 인맥 차원에서 해결책을 강구할 일이다.

아들아,
이상적인 경력 관리란 없다

이상적 경력 관리라는 게 있을까 싶다. 그것은 개인의 능력이나 전공 여부에 따라 달라지기 때문이다. 여기에 개인의 기호까지 더해지면 경우의 수는 더 늘어난다. 문제를 간단히 하기 위해 전공자인 남자가 사장이 되기 위한 이상적인 경력 관리에 대해 얘기해 보자.

입사한 지 얼마 되지 않았으니 결혼은 아직 하기 전이다. 회사 입장에서 보면 전공을 했다 하더라도 프로세스를 익히기 위해서라도 공장 근무는 꼭 필요하며 지금 시작하는 것이 좋겠다. 공장 내에서도 너무 반응 쪽에 치우치지 않고 물류나 폐기물에도 노출되도록 해야 한다. 공장 근무가 끝나고 나면 연구소와 실험실에서 제품의 현재와 미래에 대해 고민하는 기회를 가져야 한다.

물류와 정비 등을 익히고 나면 회사 전체에서 가장 돈을 많이 쓴다는 구매부다. 구매는 판매 수요 예측과 적정 재고 사이의 균형을 가지고, 제품을 생산하는 데 필요한 모든 원재료를 사들이는 곳이다. 홍정 액수에 따라 제품 단가가 달라지기도 하고, 실제로 돈 거래가 이루어지는 곳이기도 하니 종종 돈과 관련된 추문들이 생겨 나기도 한다. 구매를 하는 쪽이나 납품을 하는 쪽이나 한 푼이라도 더 자기 쪽으로 유리하게 하려니 자연히 각종 경험과 전술이 결합된 고도의 구매 기능이 판을 친다.

다음은 영업이다. 이상적인 시장이라면 영업은 구매의 반대 방향이다. 벡터로 보면 벡터의 크기는 같고 방향은 서로 반대인 관계가 영업과 구매다. 이런 관계 때문에 많은 수의 영업이론이 별 무리 없이 구매에서도 쓰인다. 구매와 영업의 활동들을 계수화하는 작업은 경리부에서 맡는다. 흔히 경리부는 세금계산서 처리가 주 업무인 줄 알지만, 사실은 회사의 모든 활동을 계수화해 종업원과 주주들에게 원하는 데이터를 제공하는 것이 본연의 임무다. 다음은 이상에 열거한 부서들이 정상적인 기능을 발휘하도록 도와 주는 안전관리, 신규 사업을 태동시키는 기획부서 등이 있다.

아들아! 이상적인 경력 관리란 없다. 누구든 자신에게 주어진 일에서 최선을 다하고 관련 부서를 잘 도와 줄 때 그 직원은 이미 최고의 경력 관리를 하고 있다고 본다. 다만 여기에 나열한 부서의 차례는 어느 부서를 먼저 이해해야 다음 부서를 이해할 수 있는지, 혹은 앞부분의 설명이 이미 뒷부분을 감당하는지 등의 효율적 이해를 위한 순서도를 중점적으로 고려했다. 그리고 만약에 아주 새로운 조직에서 자생적으로 OJT를 통한 사장 만들기를 기획한다면 위의 순서도가 도움이 될 것이다.

사내 이직도 **인맥이 해답이다**

회사 내의 부서 이동은 먼저 전산 시스템에 의존한다. 구인을 원하는 부서에서 시스템에 후보자의 직무기술서와 필요한 인원 수 등을 기재한다. 그러면 후보자는 자신이 관심 있는 부서에 응시한다는 의사를 표명하게 되고, 구인을 원하는 부서는 후보자들을 대상으로 평가를 실시하여 최적의 후보자를 선정한 후 당사자들에게 통보한다. 모든 과정은 비밀이 보장되며 모든 질문과 답변은 사이트를 통해서 이루어진다.

이상의 과정이 회사에서 말하는 이른바 회사 내 채용과정이다. 그러면 현실은 어떤가? 회사의 공식 논평과 현실 사이에는 같은 점 하나, 다른 점 하나가 있다. 같은 점은 결과적으로 사내에서 사람을 뽑는다는 것이고, 다른 점은 공식 경로와 실제 경로가 일치하지 않는다는 것이다.

실제 경로는 이렇다. 먼저 구인 부서에서 사람을 찍어 놓고 '신상 털기'를 한다. 그 결과를 종합하여 실무진의 의견과 함께 라인으로 올린다. 위에서 보고 마음에 들면 담당 임원에게 올라가고 그렇지 않으면 다시 다른 후보자를 찾는다. 후보자가 마음에 들 경우를 가정하면, 대부분 부서장이 후보자를 접촉하여 다시 한 번 이직 의사를 확실히 한다.

여기서 보면 아직도 보내는 쪽의 간부급들은 부하직원이 가는 것을 전혀 모르고 있다. 일이 이 정도 진행되면 후보자는 시스템에 이직 의사를 밝힌다. 그리고 후보자 측 윗선에 귀띔을 한다. 일이 순조롭게 진행되면 다행이지만, 그렇지 않고 중간에 보안 유지가 되지 않을 경우 후보자는 아주 난처해진다. 더욱 힘든 것은 소문만 나고 채용은 안 되는 것이다. 이 경우 양쪽으로부터 미움을 받아 완전히 낙동강 오리알이 될 수 있다.

후보자를 보내는 쪽이나 받는 쪽이나 시스템에 실시간 접촉이 가능하다면 보안 유지가 어렵게 된다. 그리고 의사결정도 구인 부서의 실무자 선에서 결정되는 경우가 많아서 이 또한 인맥 경쟁이 될 소지가 많다. 따라서 후보자 입장에서는 구인 부서에 잘만 보이면 게임이 생각보다 쉬워질 수도 있다. 그러나 회사 입장에서는 경쟁력 증진이 아니라 또 다른 인맥 형성의 위험이 있다. 이런 문제점을 방지하기 위해서는 부서장들끼리 미리 만나 주고받을 사람의 경쟁력을 파악하여, 사거나 파는 쪽의 즉각적 의사결정을 도와 주는 인력시장 형태의 운영이 바람직하다고 생각한다.

아들아! 현재의 시스템으로 보아 사내 이직도 역시 인맥이 해답이다. 시스템이 아무리 발달해도 결국은 사람에 의해 결정된다. 일주일에 하루는 나가라. 나가서 사람을 만나라.

월급쟁이는 **돈과는 거리가 먼 집단이다**

돈 버는 데 일가견을 가진 정주영 할아버지께서는 돈에 대해 말씀하시며 "돈이란 그릇에 담긴 물과 같다. 물이 적은 것을 탓하지 말고 네 그릇이 작은 것을 탓해라"고 강조하셨다. 참 어려운 이야기다. 현실 세계에서 실천적 방안으로 그릇을 키운다는 것이 무엇을 말하는지 집어내기가 어렵다. 다만 소인배의 식견으로는 돈이 없는 것은 내 탓이라는 정도다.

신입사원들이 입사해서 특별한 이변이 없으면 한 10여 년은 거의 비슷한 수준의 급여를 받게 된다. 그러나 10년이 지나고 나면 동기생이라도 급여가 차이 나기 시작하고 그에 따라 저축액 격차도 벌어진다. 불행히도 앞으로의 10년에는 더 큰 차이가 다가올 것이다.

똑같은 돈을 월급이라는 이름으로 지급해도 각자의 반응은 다르다. 보통은 주식이나 펀드에 투자한다. 드물게는 금괴 같은 현물에 투자하기도 한다. 회사 일 외에 이런 부업성 투자는 사람을 몰입시키는 효과가 있다. 처음에는 인터넷으로 짬짬이 보다가 열 받으면 아예 객장에 가서 눌러 앉는다. 사람들이 그를 찾을 때는 객장으로 찾아온다. 머릿속에는 주식 이야기만 가득하고, 근무 시간에도 좋은 아이디어가 없다. 이런 사이클이 반복되면 승진에서도 누락된다.

재테크는 부업이다. 언제나 회사 일 다음에 와야 한다. 월급쟁이가 행복해지는 지름길은 회사의 비전과 자신의 비전을 일치시켰을 때다. 월급쟁이가 득도의 경지에 이르는 때가 바로 이 일치의 순간이다. 이러한 일치가 어려운 경우 선택과 집중이 필요하다. 예를 들면 내가 잘 아는 회사의 주식을 사거나 아니면 고향 동네의 땅을 사두는 것 등이다.

아들아! 사실 월급쟁이는 돈과는 거리가 먼 집단이다. 물론 그 중 일부는 엄청난 액수의 급여를 받지만 대부분은 그렇지 않다. 월급쟁이는 안정적으로 먹고살면 그만이다. 부업이라는 것 자체가 본래의 취지에 어긋나는 것이다.

월급쟁이가 성공하는 유일한 방법은 죽도록 일해서 회사에서 인정받고, 보스 눈에 들어서 승진하는 것이다. 그게 성공이고 출세다. 하지만 꼭 알아 두어야 할 것은 성공이 행복은 아니라는 것이다. 승진이 돈을 버는 지름길일지라도 모든 것을 걸지는 마

라. 너무 큰 목표에 눌려 순간의 기쁨을 놓치지 마라. 가끔은 승진 사령장보다 함께하는 가족이 더 소중한 법이다.

어떤 보직을 맡건 길게 보고 **너만의 경쟁력을 키워라**

월급쟁이에게 인사권은 없다. 단지 보스가 현명하여 나의 경쟁력과 아주 동떨어진 일을 주지 않기를 바라고 또 바랄 뿐이다. 월급쟁이가 정년까지 버티기를 바란다면 절대로 놓치지 않아야 할 화두가 경쟁력이다. 고등학교 때 용어로 "반에서 절반은 해야 대학원서라도 써본다"는 식이다. 어디로 가든 그 부서에서 절반은 해야 한다.

너는 영업이 체질에 맞는다고 했다. 그러나 결론을 내리기 전 한번 곰곰이 생각하는 기회를 가지는 것이 좋겠다. 예를 들어 영업이라는 직군이 어떠한 경쟁력을 요구하며, 너의 어떤 점이 다른 사람보다 더 경쟁력 있는지를 정성적으로 분석해 보아야 한다. 이러한 분석은 현재 시점뿐만 아니라 미래의 시점에서도 행해져야 한다. 지금은 경쟁력 있는 일이지만 15년, 20년 후에는 어떻게 될 것인가, 혹은 내 나이 40, 50에도 경쟁력을 가질 수 있을 것인가 곰곰이 따져 보아야 한다. 손쉽게는 사무실 내의 영업부서에서 40~50대가 어떻게 살아가는지를 보는 것도 의미 있는 작업이 될 것이다. 물론 회사 일이란 게 내가 원한다고 다 되는 것은 아니지만, 마음속에 내 인생의 지도 한 장 품고 사는 것이 그렇지 않은 경우보다 삶을 희망차게 한다.

여러모로 생각했을 때 영업이 너의 적성에 맞는다면, 네가 먼저 갈 곳은 생산이나 연구소다. 그 이유는 제품을 알기 위해서다. 시장 경쟁력을 가지기 위해 제품은 끊임없이 발전하고 있으며, 그 제품을 이해하지 못하면 영업에서는 살아남지 못한다. 제품의 구조와 본질을 꿰뚫지 못하면 영업사원의 설명은 앵무새의 수준을 벗어날 수 없으며, 시장은 그를 멀리할 것이다. 항상 기억해라. 무엇인가를 기여할 수 없으면 시장에서 밀려난다. 시장은 빠르게 변하고 너와 같이 옛날이야기를 나눌 시간이 없기 때문이다.

여전히 요점은 하나다. 제품 지식에 관한 경쟁력을 가지는 것이 영업사원이 가져야 할 기본적인 경쟁력이다. 또 하나의 길은 특화된 제품만을 취급하는 부서에서 일을 시작하는 것이다. 회사마다 다르지만 보통 '기술영업'이라 불리는 부서인데, 영업과 기술 서비스를 함께 관장한다. 영업을 하면서 경쟁력도 키울 수 있으니 너의 질문에 답이 될 선택이라는 생각이 든다.

무슨 일을 하든지 선택에 신중하여야 한다. 자신의 선택은 경쟁력에 그 기반을 두어야 할 것이며, 좀더 정확히는 차별화된 경쟁력이 분석의 근간이 되어야 할 것이다. 일을 선택할 때는 네가 남보다 더 잘하는 분야를 택해라. 그리고 이를 즐겨라. 세월이 지날수록 즐거움도 더해지며 일도 쉬워진다. 회사와 시장이 너를 환대하고 너는 그저 일을 즐길 것이다.

나도 그런 직무가 있는지 모르겠다. 그러나 논지는 분명하다. 다시 경쟁력으로 돌아간다. 네가 좋아하는 일을 해라. 그러나 반드시 경쟁력을 고려해라. 일을 할 때는 앵무새처럼 따라 하는 것이 아니라 든든한 기초 지식 위에서 전개되는 논리적 구조가 보여야 한다. 무슨 일을 하든 길게 보고 스스로의 그림을 그려 두어야 한다. 기초 지식을 튼튼히 하고 경쟁력을 활용할 수 있는 보직을 찾는 일은 단지 영업뿐만 아니라 다른 모든 부서에도 적용될 수 있는 일이다. 월급쟁이의 문화가 부서에 따라 달라지는 법은 없으니까.

97

반드시 **'보고받는 사람' 입장에서** 보고를 해라

언어는 불완전한 도구다. 이런 도구를 사용하여 나의 불완전한 생각을 상대방에게, 특히 보스에게 전달하는 것은 매번 모험에 가깝다. 어릴 때 하던 말 옮기기 놀이처럼, 말이란 게 두세 사람만 거치면 처음의 의미가 변질, 왜곡되기 일쑤다. 신입사원으로서 가장 중요한 대화 방법은 먼저 듣는 것이다. 대부분의 사람들은 상대방이 말을 하면 이를 듣는 대신 자신이 다음에 무슨 말을 할까부터 생각한다. 아주 위험한 대화법이다. 특히 보스와의 대화에서 맥을 놓치는 것은 너의 이미지에 영향이 크다. 얌전히 듣고 조리 있게 대답해라.

그러면 어떻게 대답해야 하나? 간단하다. 듣는 사람 입장에서 스토리를 이어 가는 것이 지켜야 할 첫 번째 수칙이다. 상대방이 원하는 것이 무엇인지, 내가 상대방에게 어떤 도움이 될지를 생각해 보는 것이 필요하다. 보고도 마찬가지다. 보고를 원하는 쪽이 어떤 정보를 원하는지 정확히 파악하는 것이 먼저다. 대부분의 신입사원들이 보스로부터 보고하라는 오더를 받을 때 너무 긴장한 나머지 정확한 요구사항을 잘 알지 못하고 일을 시작하는 경우가 많다.

여기저기 물어서 보고 자료를 만들어 보스 앞에 서면 어떻게 말을 시작할지 막막하다. 이런 어려움을 극복하기 위해서는 사전에 좀 준비가 필요하다. 듣는 사람의 타고난 성향을 기준으로 피보고자를 분류하여 이른바 세분화 작업을 사전에 해둔다.

예를 들어 성질 급하고 분석적인 그룹, 성질만 급한 그룹, 자신의 표현에 강한 그룹 등으로 분류한다. 여기서 만일 내 보스가 '성질만 급한 그룹'에 속한다면 보고하는 요령은 그 성격에 맞추어서 ① 결론을 먼저 이야기한다, ② 보고 도중에 다른 이야기를 섞지 않는다, ③ 결론을 다시 한 번 간단히 반복한다 정도로 행동강령을 정해 놓을 수 있다. 반면에 표현력이 강한 그룹에 대해서는 스토리텔링식으로 이야기를 풀어 나가는 것이 강한 설득력을 보여 준다. 이외에도 자신의 관찰 여하에 따라 더 많은 그룹이 탄생할 수도 있으나 너무 많은 그룹은 오히려 짐이 될 수도 있음을 알아야 한다.

보고도 대화와 크게 다르지 않다. 먼저 피보고자가 원하는 바를 정확히 파악하여 전달할 정보를 구성하여야 한다. 전달 방법도 철저히 받는 쪽의 수준과 관심사에 초점을 맞추어야 한다.

보고에서 또 하나 힘든 점은 보고의 장소와 시간을 통제할 수 없다는 점이다. 엘리베이터나 화장실에서도 보고는 이루어지며, 얄궂게도 보스는 이런 장소에서의 기억을 더 강하게 가지고 있다. 아들아, 네가 정말로 중요한 보고를 맡았다면 요약본 정도는 따로 하나 만들어 두는 것이 필요하다. 묵직한 엘리베이터 안에서 보스로부터 고난받는 너 자신을 상상해 봐라. 차라리 요약본으로 보스의 환심을 사는 것이 더 낫지 않나 싶다. 마치 옛날의 무사들이 24시간 칼을 품고 다녔듯이, 너도 너의 무기를 손에 꽉 쥐고 살아라. 해보면 알겠지만 그거 정말 피곤한 일이다. 그래도 어떻게 하겠냐, 네가 택한 길.

98

출퇴근 시간은 **지켜야 할 악법이다!**

한때 다니던 한국회사에서는 아침 9시만 되면 인사부장이 손바닥만 한 수첩을 들고 현관에 나온다. 멀리서 보아도 정성스러운 동작으로 9시 이후에 나타나는 인물들의 이름을 빠짐없이 기록한다. 이렇게 부산스러운 아침을 보내고 인사부장은 그의 사무실로 돌아간다. 현관의 시계는 9시 반을 가리킨다. 놀라지 마시라, 그가 떠날 즈음 한 떼의 사원들이 길 건너에서 도하(渡河)를 시작하고 있다. 내부 사정을 잘 아는 일부 세력들이 인사부장이 떠나자마자 그 뒤를 따라 각자의 사무실로 달려간다.

내 생각에는 엄격한 출근 시간의 적용은 '출근 시간'이라는 규정을 통하여 또 한 묶음의 '범법자'를 양산할 뿐, 회사 전체의 생산성에는 별 도움이 되지 않는다. 그것은 지난날의 종이와 연필 시절이나 요즈음의 디지털 시절이나 별로 달라진 것이 없다. 출근 시간은 일을 시작하는 시간이며, 그것은 관습보다도 각자의 생산성과 신체 컨디션과 관련되어야 한다. 사람에 따라 아침형 인간이 있고 저녁형 인간이 있다. 각자의 신체 적성을 무시하고 동일한 시간대에 같이 일을 한다는 것이 오히려 생산성 저하를 가져오는 요인이 될 수 있다.

출근 시간을 무조건 철폐하자는 주장이 아니다. 회사란 혼자서 일하는 곳이 아니라 여러 부서들이 서로 도와 가며 일하는 곳이기 때문이다. 다만 각자의 특성을 고려하여 생산성 향상에 도움이 된다면 좀더 유연한 변화의 바람이 필요하다는 뜻이다. 예를 들면 코어 타임(Core Time)처럼, 일정 시간을 반드시 사무실에 있도록 하여 이때에 관련 부서와 함께 할 일들을 집중시키고 나머지 시간은 장소에 관계없이 자신의 재량껏 사용하면 된다. 일하는 시간을 자신이 조절함으로써 자신이 느끼는 최상의 컨디션 시간대를 이용하여 회사 일을 할 수 있다.

규제란 효율을 극대화하기 위한 최소한의 것이어야 한다. 출퇴근 시간도 이런 측면에서는 좀더 다양하고도 효율적인 측면에서 검토되고 실행되어야 한다. 다만 자신의 지각을 은폐하기 위한 수단으로 새 제도를 악용한다거나, 생산성이라는 논리 뒤에서 자신의 조각 난 자유를 줍는 부끄러운 일들은 없어야 할 것이다. 늦으면 늦겠다고 당당하게 말해라. 그게 규제 앞에 선 월급쟁이의 자세다.

하지만 너는 당당하게 서기보다 그 규제가 실제로 어떤 목적을 가지고 태어났는지를 먼저 알아야 할 것이다. 나는 출퇴근 시간이라는 틀을 좋아하지 않는다. 하지만 그것이 효율의 틀에서 개선되기 전까지는 지켜야 할 악법이다. 어차피 회사생활이 '동물나라 체육대회'처럼 오리를 챔피언으로 만드는 과정이라면 굳이 나서서 찍힐 이유가 없다. 세상사 알고 있는 것과 행하는 것이 달라야 한다. 네가 뭘 좀 알아도 훗날을 기약하며 참고 기다려라. 이 출근 시간의 문제도 누군가가 들고 나오기를 기다려라. 자랑스러운 대한의 월급쟁이 아들아! 언제나 중간이다. 중간이 최고다.

야근에서 탈출하기 위해서는 **너의 일을 분석해 봐라**

일주일의 절반 이상을 야근으로 보낸다면, 셋 중 한 사람이 문제가 있다. 자신의 머리가 나쁘든지, 보스가 장난을 치고 있든지, 아니면 인사부에서 업무 분장을 잘못했든지다. 굳이 네 번째를 이야기하라면 '내가 일이 너무 좋아서'를 들 수 있겠다. 야근은 일시적으로 업무처리의 양을 늘려 주지만, 시간이 지나감에 따라 전체 업무처리의 질을 저하시키기 시작해 결국은 별 소득이 없는 일이 되고 만다. 내가 남아서 열심히 일한다고 소문내는 목적 이외에는 얻는 것이 적다.

야근에서 탈출하기 위해서는 먼저 내가 무슨 일을 하는지부터 알아야 한다. 작은 노트를 한 권 준비해서 네가 하루 동안 한 일을 1시간 단위로 표시해라. 특별한 프로젝트나 연간보고서 등은 따로 기록한다. 일주일 정도 지나고 나면 데이터를 분석할 수 있게 된다. 일주일 치 데이터를 분석하면 재미있는 현상들이 눈에 들어온다. 회의 준비에, 거래처 방문에, 임원 자료 준비에, 보스의 지시 사항 이행에, 부서 회식 준비에, 정말 야근 없이는 도저히 해결할 방법이 없어 보일 것이다.

그러나 아들아, 기죽지 마라. 이때쯤 전지전능한 보스님께 도움을 청해야 한다. 물론 뵙기 전에 해결책을 미리 만들어야겠지. 예를 들어 부서 회식 준비는 돌아가며 하고 임원 자료 준비는 신입에게는 좀 힘든 일이니 선임을 한 사람 할당해 주십사 하고 건의를 하는 것이다. 그러면 그 지긋지긋한 야근에서 벗어날 수 있으리라 고하는 것이다.

회사 내의 문제를 해결하는 데는 몇 가지 원칙이 있다. 조용히 말하고, 반복해서 말하고, 누구에게나 똑같이 말하는 것이다. 먼저 조용히 말하기 위해서는 논리적 데이터를 준비해야 한다. 내가 말하는 것이 아니라 데이터가 말하도록 해야 한다. 특히 보스에게 제안을 할 때는 평소 그의 주관이 나의 제안과 동일 선상에 있는지도 미리 살펴보아야 할 것이다. 일을 가지고 오기는 쉬워도 다시 돌려보내기는 어렵다. 처음에 일을 받을 때 잘 생각해야 한다. 하긴, 주는 대로 받아야 하는 신입사원의 처지를 나도 모르지 않는다마는….

아프면 도태된다. **건강은 기본이다!**

이건 순전히 내 추측이지만, 과거 머슴제도하의 머슴이나, 지금의 근로 계약에 의한 종업원이나 그 근본적 취지는 크게 달라진 것이 없다고 생각한다. 큰 머슴 밑에 작은 머슴이 있고 그 밑에 꼴머슴이 있는 직급 체계나, 틈만 보이면 새경을 깎으려 드는 주인의 행태, 그리고 이에 대항하는 머슴들의 기본적인 사고구조가 현재의 노사 관계와 크게 다르지 않다. 다만 노동법 등의 관련 법안들이 사회 전반적으로 인식되어 있어서 노사 관계의 급격한 변화는 적다.

그러면 병에 대한 이 두 집단의 반응은 어떤가? 힘으로 일하던 시절 병에 걸린 머슴은 집안의 우환이 되기 전에 거적에 싸서 버렸다. 그 시절 병은 바로 노동력의 상실을 의미하는 것이었으며 노동력을 상실한 머슴은 상품 가치가 없었다. 지금은 어떤가? 지금은 많이 달라 보인다. 우선 직접적으로 회사가 가입한 보험 상품이 있고, 노조의 힘이 이런 유의 의사결정에 영향을 준다. 회사는 각종 안전장치를 선전하며 최상의 조업 조건과 그와 연관된 최고의 생산성을 목표화한다. 반면에 특히 사무직 사원들 간에는 무언의 내부경쟁이 일상화되어 있다. 회사가 제시한 안전장치만 믿고 스스로를 일에 접대에 회식에 내돌리다 보면 건강에 이상이 온다. 그러면 이때부터 회사의 보험 시스템에 대해 관심을 가지기 시작한다.

이 과정 중에서 비로소 깨닫는 것이 있다. 건강이라는 게 한번 나빠지기 시작하면 완전한 복구는 힘들다는 것이다. 그리고 또 하나의 어려운 점은 내 병과 회사 보상 시스템 간의 인과관계를 밝히는 과정이다. 이런 모든 난관을 헤치고 나와도 너는 본전이다. 아무리 좋은 치료도 결국은 원상복구가 목표라면 모든 치료란 본전치기에 불과한 것이다. 만성 질환의 경우 치료비가 점점 커지고 그 기간도 길어지면 부담의 주체를 놓고 문제가 제기될 수 있다. 하여간 아픈 사람은 경영진의 부정적 초점의 대상이 된다.

아들아! 몸이 아프다는 것은 전투력의 상실을 의미한다. 그것은 장기적으로 볼 때 아군에게 큰 부담으로 작용한다. 물론 주위 사람들은 "괜찮다"고 격려하지만 이런 감언이설은 며칠 가지 못한다.

혼자서 생각해 본다. 내가 누구를 위해서 이렇게 싸웠는데 너희들이 나를 이렇게 대접하느냐. 일주일에 2~3번은 집에 가는 것도 잊은 채 술로 지새웠는데, 그게 병의 원인이라는데 등 신파조로 읊어 봐야 소용없다. 돌아오는 소리는 간단하다. "누가 그렇게 하랬냐?" 회사는 근무 시간 외에는 일하는 것을 강요하지 않는다고 둘러댄다. 더욱 환장할 일은 회사 정책에 따라 퇴직금을 정산하고 나면 회사 내 관련 부서의 압박은 점점 강해진다는 점이다.

다시 한 번 강조하지만, 너는 계약에 의해 너의 재주를 파는 사람임을 잊지 마라. 회사가 거대한 공룡처럼 너를 겁줄 때는 이미 늦다. 평소에 늘 다시 생각해라. 너는 이 회사의 주인이 아니다. 다만 주인인 척할 뿐이다. 이게 병을 피하고 사는 월급쟁이의 처세술이다. 그리고 생각해라. 아프면 도태된다. 건강은 기본이다.

에필로그

2년여의 글쓰기를, 100개의 토픽을 끝으로 그 치열한 기록을 멈추었을 때, 비로소 나는 내 큰아들에게 다시 한 번 부모로서 뭔가를 해주었다는 생각에 기분이 좋았다. 그는 애초에 단 한 명의 독자였다. 그를 흡족하게 하는 것이 내 마켓플랜이었다. 그리고 이 글들이 여전히 굴러갈 에너지를 갖고 있다면 내 큰아들과 비슷한 연배의 청년들에게도 도움이 되었으면 했다.

2년여의 시간 동안 하루도 빠짐없이 글을 쓰고 나면 이야기가 끝나는 날 정말 개운해지리라 생각했다. 하지만 원고를 끝낸 오늘, 섭섭함이 앞선다.

돌이켜보면 글쓰기는 나에게 하나의 치유였다. 30년을 묵혀 둔 내 가슴속의 울분과 비밀스러운 이야기들을 세상에 내어 뱉는 의식이었다. '임금님 귀는 당나귀 귀'라고 목청껏 외치는 신나는 의식이었다.

원고가 두께를 더할수록 나는 내 자신이 살아 있다는 것을 느꼈다. 매일 아침 느끼는 희열은 내 마음을 치유하고 있었다. 그래서 글의 마침과 더불어 중단될 치유의 프로세스가 나에게는 섭섭함으로 다가오는 것이다. 그리고 그 섭섭함에 앞서는 감정은 두려움이다. 내가 다녔던 몇 개의 회사를 기준으로 내 경험의 편린들을 구조적으로 분석한 내용이 과연 보편타당한 논리로 인정될 수 있을지는 큰 의문이다.

책은 당연히 제한된 정보 위에 서게 되고, 그 논리 또한 임기응변식 전술에 치우치는 결과를 제시하게 되었다. 책대로만 하면 내가 사장이 될 수 있는지? 이 큰 의문은 나에게도 숙제다.

그래도 짧지 않은 기간 동안 이 정도라도 집중할 수 있었던 것은 온전히 가족들의 덕분임을 안다. 특히 블로그를 제작하고, 머리글을 장식하고, 또 모든 독자층을 통틀어 처음으로 블로그를 방문한 둘째 아들에게 감사의 박수를 보낸다.

모든 장의 이야기들이 완전하지는 않더라도, 그저 독자들이 책을 읽고 나서 큰 과오를 방지하는 점쟁이의 부적 정도로만 생각해 주어도 감사하겠다.

2015년 8월

이상진